LE TUMULUS DE LA HOGUE

A FONTENAY-LE-MARMION

(CALVADOS)

Etude des Tumulus Néolithiques du Calvados et de l'Orne.

PAR

Léon COUTIL

LES OSSEMENTS HUMAINS

DE FONTAINE-LE-MARMION

PAR

Le Dr BAUDOUIN

LE MANS
IMPRIMERIE MONNOYER
12, Place des Jacobins, 12
1918

LE TUMULUS DE LA HOGUE
A FONTENAY-LE-MARMION (Calvados).

(Etude des Tumulus Néolithiques du Calvados et de l'Orne).

PAR

L. COUTIL (Saint-Pierre-du-Vauvray).

Après la publication de nos fouilles et restaurations successives effectuées en 1904, 1906 et 1908, au *Tumulus de la Hogue*, à Fontenay-le-Marmion, nous ne songions plus à y revenir, bien que la chambre centrale M, dite du dolmen, et sa galerie restât à déblayer ; elle nous avait paru tellement bouleversée et réduite par l'exploitation du Tumulus comme carrière, surtout lors de la réfection de la route de May à Fontenay de 1834 à 1835, que tout d'abord nous n'avions pas cru possible de redonner à cette chambre une partie de son aspect primitif ; nous ne supposions pas alors que le dolmen et la moitié de la chambre se trouvaient encore dissimulés contre la partie sud et presque à la surface de l'éboulis adossé à la chambre voisine N.

Des insinuations intentionnellement fausses ayant été publiées par M. le Dr Gidon, de Caen, sur les comptes rendus de nos fouilles de 1904, 1906, 1908, sur notre INVENTAIRE DES MONUMENTS MÉGALITHIQUES DU CALVADOS, et nos autres travaux, dont le texte a été dénaturé (1), nous sommes allés répondre à ces prétendues critiques à Caen, le 9 novembre 1917, à la réunion mensuelle de la Société des Antiquaires de Normandie, où ces insinuations avaient été publiées à notre insu ; avant cette séance, nous avions tenu à montrer à nos

(1) L. COUTIL. — *Dictionnaire paleoethnologique du Calvados*, 1895, p. 22 à 26, pl. ; extrait du Bul. Soc. Normande d'études préhistoriques, 1894 ; — *Inventaire des Monuments mégalithiques du département du Calvados*, 1902 ; Ext. Annuaire cinq dép. Normandie 1902, p. 12 à 22 ; — *Exploration et restauration du Tumulus de Fontenay-le-Marmion (Calvados) en* 1904 *et* 1906 (IIe Congrès préhistorique de France, Vannes, 1906 ; — *Exploration et Restauration du Tumulus de Fontenay-le-Marmion* (Calvados), Ext. comptes rendus *du Congrès de Clermont-Ferrand*, 1908, de l'Association française pour l'avancement des sciences.

TUMULUS DE LA HOGUE.
à FONTENAY le MARMION.
(CALVADOS)
EXPLORATION et RESTAURATION de L. COUTIL
en 1904 1906 1908-1917-1918

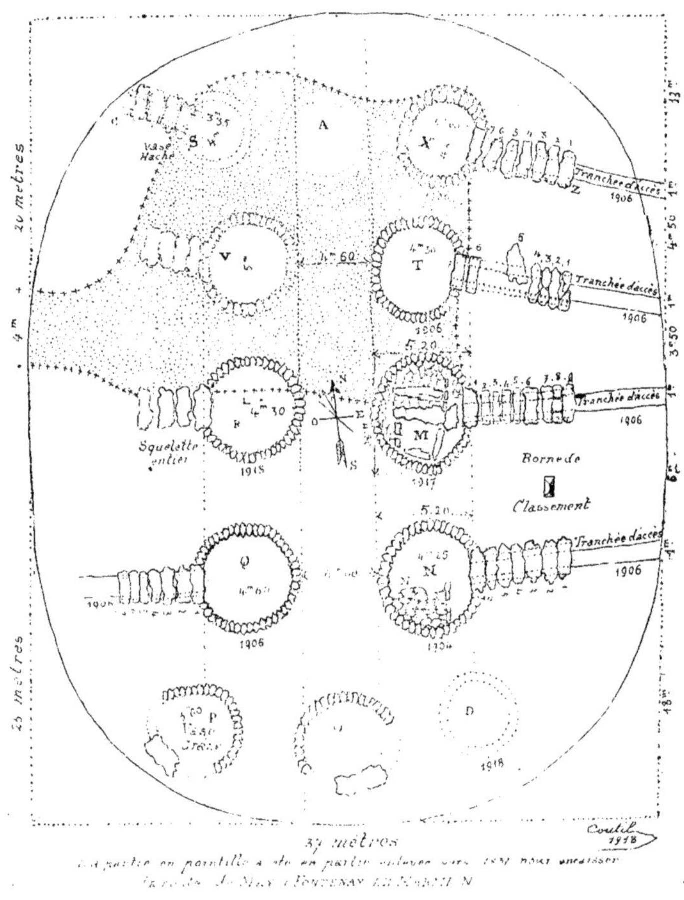

Fig. 1. — Plan du *Tumulus de la Hogue* pour nos Fouilles de 1904, 1906, 1908, 1917 et 1918. (La Flèche N indique le Nord magnétique.

collègues, MM. le Dr Doranlo, au Capitaine et à Mme Caillaud, la fausseté de ses *prétendues réfutations* ; en outre, nous avons produit une attestation des témoins et des ouvriers qui ont fouillé pour nous ; d'ailleurs, le compte rendu des fouilles du Tumulus faites en 1829 dans la chambre N (1), suffit à lui seul à détruire le récit ultra-fantaisiste de M. Gidon (2).

Précédemment, nous avions fait visiter nos fouilles et restaurations, à l'issue du Congrès des Sociétés savantes à Caen en 1911, par MM. le Dr Capitan, Prentout et quelques collègues du Congrès.

Historique de la découverte et des fouilles. — Le Tumulus de la Hogue, à Fontenay-le-Marmion, a été découvert par hasard en 1829, par des ouvriers occupés à extraire des pierres pour la réparation des chemins de la commune, qui déblayèrent et reconnurent l'entrée de la galerie C du plan, située à l'extrémité Nord-Ouest du Tumulus, la plus rapprochée de May et de la route. Après les fouilles exécutées d'abord par M. Chollet dans la chambre du dolmen M, la Société des Antiquaires de Normandie décida de les continuer ; elle nomma une Commission composée de MM. Lair, le chevalier de Touchet, l'Echaudé d'Anisy, Gervais et M. Deshayes, rapporteur ; MM. le chevalier de Touchet et Deshayes ont dirigé l'ensemble des fouilles, sans jamais les quitter. Nous donnerons le résumé de ces fouilles dans le cours de cette étude, elles paraissent avoir été terminées en 1830. Nous savons que de 1834 à 1835, on vint enlever énormément de matériaux au Nord et au centre du Tumulus, pour refaire l'encaissement de la route de May à Fontenay ; c'est ainsi que les deux tiers de la chambre X, la totalité de la chambre T, la moitié Nord de la chambre avec dolmen M, la moitié Nord de la chambre R, la totalité des chambres V et S disparurent.

Emu de ces démolitions, le propriétaire du château de Fontenay, M. Le Hardelay, acheta en 1840 le Tumulus pour le sauver de la destruction ; tous les préhistoriens doivent lui en être reconnaissants. Sa veuve, Mme Le Hardelay, a bien voulu nous autoriser à faire nos fouilles et restaurations en 1904, 1906, 1908, et accepter notre demande de classement comme Monument historique, qui a été ratifiée par le Ministère de l'Instruction publique en 1905. M. et Mme Roger, actuellement propriétaires, ont bien voulu nous faciliter nos derniers travaux, en octobre 1917, pour la chambre dolménique M, nous tenons à leur témoigner notre sincère recon-

(1) *Mém. Soc. Antiq. Normandie*, 1831, 1832, 1833. *Rapport sur les fouilles du Tumulus de Fontenay-le-Marmion*, fait par la Société des Antiquaires de Normandie, pp. 286-287.

(2) Dr F. Gidon. — *Rectifications aux statistiques et notices diverses de M. Léon Coutil sur les Tumulus du Calvados*, 1917. (Ext. du Bulletin Soc. Antiquaires Normandie, T. XXXII).

Fig. 2. — *Tumulus de Fontenay-le-Marmion* (Calvados); Côté Est montrant l'entrée des quatre galeries N, M, T et X que nous avons déblayées en 1908.

naissance pour cette quatrième campagne de fouilles et restaurations, représentant près de deux mois de travail avec huit ouvriers, opérant toujours en notre présence.

Situation. — Le Tumulus de la Hogue, situé dans le canton de Bourguébus, arrondissement de Caen, et à 9 kilomètres de cette ville, occupe actuellement un rectangle borné aux angles, et, en outre, limité par des sapins qui l'entourent : il se trouve sur la commune de Fontenay-le-Marmion (section D, n°s 217 et 218, triage de *la Hogue*), et non loin de la commune de May, à peu près à égale distance de ces deux communes (1).

Sa face Ouest est située à 170 ou 180 mètres de cette route, et sa face Sud à 60 mètres du chemin de la mine de fer de May, qui se raccorde à cette route ; la face Est à environ 300 mètres d'un vieux chemin chaussé, peut-être ancienne voie romaine, passant à environ 350 mètres à l'Ouest de la *Butte de la Hoguette*, dont nous parlerons plus loin.

Actuellement, le diamètre Nord-Sud du Tumulus mesure 49 mètres, et le diamètre Ouest-Est 37 mètres ; il est ovale, autant

Fig. 3. — Coupe des deux chambres N et Q du tumulus de Fontenay-le-Marmion (Face Sud).

que l'on peut s'en rendre compte, après toutes ses mutilations, dans la partie centrale et Nord marquée en pointillé sur le plan et sur la face Sud. Les deux chambres N, et Q, constituent la face Sud, elles sont assez bien conservées, nous les avons déblayées en 1904 et 1906, leur hauteur est d'environ 5 mètres ; elles étaient complètement encombrées de pierrailles provenant de l'éboulement de la voûte et des parois, depuis les fouilles de 1829-1830. La face Est présente les quatre galeries d'accès N, M, T, X, que nous avons déblayées en 1908 ; c'est le côté le mieux conservé. Ce monument présentait également sur la face Ouest quatre chambres Q, R, V, S, avec quatre

(1) Nous avons fait placer en face de l'église de May, et contre la maison située à l'angle de la route de May à Fontenay, une plaque indicatrice, offerte par le Touring-Club, mentionnant le Tumulus à 900 mètres ; le poteau indicateur sur la route a été arraché en 1908.

galeries d'accès ouvrant à l'extérieur et mesurant de 6 à 7 mètres; elles étaient formées de murs en pierres sèches, surmontées d'une rangée de petites dalles de grès formant encorbellement, et sur lesquelles étaient placées de larges et épaisses dalles de grès de May de $1^{m}10$ jusqu'à $2^{m}20$ de longueur. Les chambres n'étaient pas absolument rondes, leurs diamètres étaient compris entre $4^{m}25$ et 5 mètres; les pierres étaient inclinées du dedans vers l'intérieur, en encorbellement, ce qui a été très nettement reconnu pendant des fouilles de 1829-1830, alors que les murs avaient $3^{m}30$ de hauteur et 1 mètre de courbure, ou de surplomb, depuis le pied de la perpendiculaire abaissée du sommet de l'arc jusqu'à la base de la chambre; cet encorbellement peut encore s'observer dans la chambre M, que nous venons de dégager et réparer.

A l'extrémité Sud, on a reconnu dans l'intervalle des deux rangées des chambres deux autres petites chambres O et P; on en a supposé une en D, que nous avons commencé à déblayer. De même, à l'extrémité Nord, on en a supposé une en A.

Nous ne ferons pas de description plus complète du monument, le récit des fouilles successives de 1829-1830, et les nôtres de 1904, 1906, 1908 et 1917, fourniront tous les détails (1).

Fouilles et description. — Chambre M. — M. Chollet ayant eu connaissance de cette découverte, entreprit des fouilles en mai 1829, notamment dans la chambre M. Il remarqua qu' « *à mesure* « *qu'il déblayait l'enceinte de cette chambre, elle s'élargissait et prenait* « *une forme elliptique, mais irrégulière, dont le côté le plus long avait* « *5 pieds* ($4^{m}95$) *à l'intérieur des murs, et le plus court* 12 *pieds* ($3^{m}96$) « (2). » « Comme la voûte était en encorbellement, *le surplomb du mur* « *à la hauteur de* 10 *pieds* ($3^{m}30$) *au-dessus de la base, était de* 30 *pouces* « ($0^{m}75$). Actuellement, les murs n'ont plus que $2^{m}20$ au maximum, « et l'encorbellement est de $0^{m}15$ environ. On découvrit à 9 pieds « de profondeur ($2^{m}97$), une grosse pierre calcaire oolithique à gros « grain, longue de 10 pieds ($3^{m}33$), et large de 32 pouces ($0^{m}80$); elle « était horizontalement placée sur deux longs supports en grès de « May, implantés verticalement dans cette espèce de rotonde, et y « formait un dolmen du côté Sud. Entre ces pierres et le mur, se « trouvaient des ossements humains jetés sans ordre. D'autres « blocs de grès, au nombre de sept, étaient implantés de la même

(1) Pour le récit des fouilles de 1829 et 1830, nous avons tenu à suivre l'ordre donné dans le compte rendn publié dans les Mémoires des Antiquaires de Normandie, bien qu'il eut été préférable de décrire d'abord les quatre chambres et leurs galeries, situées à l'Est, et ensuite les quatre chambres parallèles opposées et s'ouvrant à l'Ouest; pour le contrôle des textes, nous avons donc respecté le compte rendu et les lettres des plans qui lui correspondent dans l'Atlas.

(2) Voir la planche XIX, fig. 11 des Mem. antiq. Normandie, et le récit p. :81.

Fig. 4. — Intérieur du tumulus de Fontenay-le-Marmion (Calvados), avant nos fouilles de 1904 et 1906 ; les lettres X, T et M indiquent l'emplacement des chambres que nous avons déblayées en 1908 et 1917.

Fig. 5. — Premier déblai effectué à l'intérieur du tumulus ; fouilles et restauration des chambres X, T, M, en 1908 ; cette vue est prise au même endroit que la figure 4, ci-dessus.

« manière au côté Nord du monument. *C'est là que des ossements « humains, plus ou moins frappés par l'action du feu*, reposaient dans « une couche d'argile épaisse de 20 à 25 pouces (0^m60). Parmi ces « débris humains, on remarqua une assez grande quantité d'os « appartenant à des petits animaux rongeurs que M. Deslong- « champs, professeur d'histoire naturelle à Caen, attribua à des « campagnols (arvicola amphibius). L'argile était enfermée entre « deux couches horizontales formées d'une sorte de dallage en « pierres plates et brutes n'ayant que 15 à 18 lignes d'épaisseur « (0^m03). Nul objet d'art, nul instrument, n'a été trouvé pendant le « cours de cette fouille, conduite avec la plus scrupuleuse attention. « Quelques fragments d'os de grands quadrupèdes se trouvaient « mêlés avec le blocage en pierres plates qui remplissait l'enceinte « de cette tombe, mais il n'en existait pas dans la couche d'argile « contenant les restes humains.

« En déblayant cette enceinte, on découvrit à 10 pieds de pro- « fondeur (3^m33), l'issue interne d'une galerie communiquant avec « l'extérieur du Tumulus et ayant 22 pieds (7^m25) de longueur. La « hauteur de cette galerie, entièrement déblayée, est d'environ « 4 pieds (1^m30), sur une largeur à peu près égale. Les parois de la « galerie sont construites de la même manière et avec les mêmes « matériaux que le mur circulaire du sépulcre. Sur ce travail « grossier sont placés horizontalement des blocs énormes au « nombre de sept, les uns en calcaire oolithique à gros grain, les « autres en grès de May, parmi lesquels on en trouve qui ont « jusqu'à 7 pieds de longueur (2^m31) ; 3 pieds de large (1 mètre); et « 30 pouces d'épaisseur (0^m75). Ce dallage en blocs informes et « inégaux était encore couvert, à l'époque des fouilles, par 8 à « 9 pieds (2 mètres), de débris de pierres formant la masse du « Tumulus. »

Nos fouilles de 1917 dans la même chambre M (Fig. 6). — Nous ferons remarquer que les sept blocs mentionnés ci-dessus sont décrits deux fois; d'abord, on peut supposer qu'ils étaient verticalement placés comme les supports ; ensuite, le compte rendu précise qu'ils étaient placés horizontalement : nous en avons retrouvé cinq dans notre fouille de 1917, avec les mesures ci-dessus, mais placés verticalement.

Précédemment, nous n'avions pas osé toucher à cette chambre ; d'abord, dans la crainte d'amener l'éboulement de la chambre voisine N, qui est complète, et aussi parce que nous étions arrêtés par la grande dalle de grès horizontale portant sur un petit support en grès ; comme elle ne correspondait pas du tout au plan et au dessin donné dans le récit des fouilles, nous avions supposé que les

ENTRÉES DES GALERIES DU COTÉ EST DU TUMULUS.

Fig. 7. — Entrée de la galerie accédant à la chambre M, avec dolmen. (Vue prise de l'extérieur du tumulus.)

Fig. 10. — Entrée de la galerie de la chambre N, avec une fermeture en fer pour empêcher les dégradations. (Vue prise à l'extérieur du tumulus.)

ENTRÉES DES GALERIES DU COTÉ EST DU TUMULUS.

Fig. 12. — Entrée de la galerie T. (Vue prise de l'extérieur du tumulus.)

Fig. 13. — Entrée de la chambre X : les murs ont été refaits; les tables étaient toutes mises à nu, lors de nos fouilles. (Vue prise à l'extérieur du tumulus.)

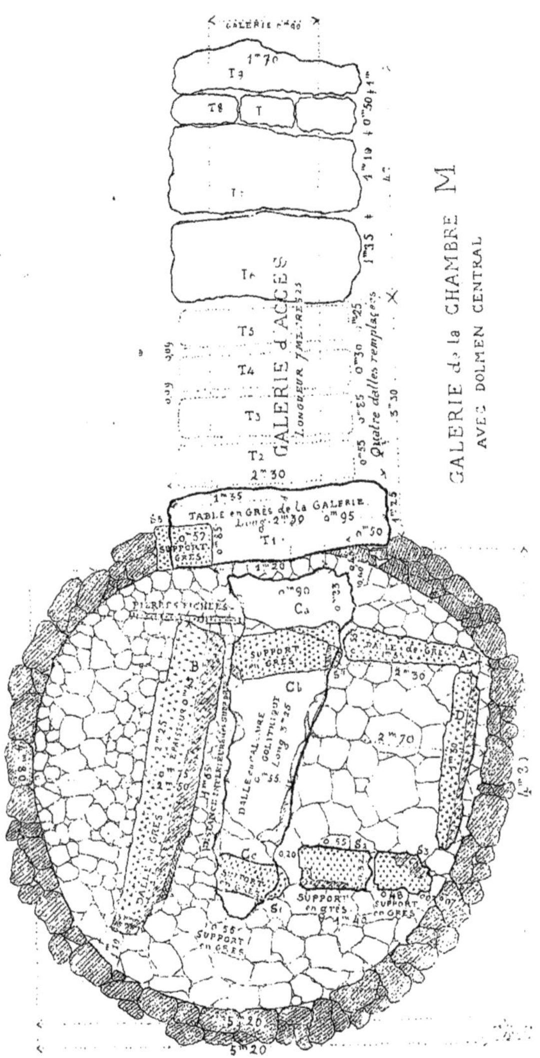

Fig. 6. — Plan de la chambre M avec dolmen central; les pierres marquées d'une croix sont verticales; la galerie s'ouvre à l'Est et se dirige vers l'Ouest dans la chambre.

lithographies étaient fantaisistes ; au delà de cette dalle, on ne voyait que deux petits blocs de calcaire oolithique. Après avoir longuement réfléchi, nous avons pensé que cette table devait être la dernière de la galerie, car elle se trouvait exactement à 7m25 de celle de l'entrée ; on avait donc détruit un côté de la galerie et cinq des dalles, lorsque le Tumulus fut converti en carrière vers 1834.

Avant d'explorer et déblayer cette chambre M, il était nécessaire

Fig. 7. — Entrée de la galerie accédant à la chambre M, avec dolmen. (Vue prise de l'extérieur du tumulus).

de soutenir la paroi de la chambre voisine N. Nous avons d'abord refait les murs en pierres sèches de la galerie M qui avaient été détruits, nous avons placé qatre dalles, T^2, T^3, T^4, T^5, afin de compléter la galerie, de permettre le déblaiement de la chambre, et de rejeter nos déblais en dessus. Nous n'avions pas alors dégagé la table T^1, et nous lui avions supposé la longueur moyenne des autres, c'est-à-dire de 1m10 à 1m60, alors qu'elle mesurait 2m30 : comme celle de l'autre extrémité mesurait 1m70, nous avons donné à la galerie 0m80 de largeur, alors que la largeur de table T' permettait de donner davantage ; nous n'avons pas songé à nous reporter au compte rendu de la fouille, qui accorde près de 1m30 de largeur à cette galerie, ce qui plaçait la dalle du Dolmen central C à peu près au milieu de l'entrée de la galerie.

Notre surprise fut grande de trouver à l'intérieur de la chambre, tout à côté de la dalle de la galerie T', une pierre assez étroite en calcaire oolithique C, de 0m75 à 0m85 de large et de 1m65 de long, posant sur un support en grès S⁴, mais dont l'autre extrémité ne portait plus sur le support parallèle, car il manquait 0m80 à la dite pierre ; elle était restée horizontale, à cause de la terre qui la calait en dessous. Entre les deux supports S' et S⁴, au Nord, se trouvait une longue dalle de grès B, de 2m25 de long et 0m75 de large, inclinée à 45 degrés ; au-dessus et à côté, gisaient deux blocs calcaires de 0m80, Cᵃ Cᶜ que nous avons pris tout d'abord pour des supports, et qui étaient simplement les deux extrémités de la table du Dolmen C, brisées sans doute pendant l'exploitation du Tumulus comme carrière, ou qui se sont cassées par l'action des gelées; car la table en calcaire d'où ils s'étaient détachés se trouvait presque à la surface du sol. Entre celle-ci et le mur Sud du fond de la chambre, se voient deux autres supports en grès S², S³ alignés sur celui qui supporte la table S', soit trois supports voisins orientés Nord-sud. Perpendiculairement à ces supports et contre la paroi du fond de la chambre, nous avons retrouvé une dalle en calcaire D, de 1m70 de long, placée presque verticalement dans le sol. Enfin, une autre en grès plat A, faisant face aux supports, parallèle à ceux-ci, et constituant une sorte de caisson entre le fond de la chambre et le dolmen.

Nous avons trouvé aussi trois plaquettes de grès (pierres fichées) bien calées et placées verticalement dans la direction Nord-sud ; sur le côté de l'entrée de la galerie. Des pierres plates formaient un dallage sur presque toute la surface de la chambre. Des ossements humains brisés se trouvaient en dessous, entre des couches de ces pierres plates, parfois calcinés et mélangés à des ossements de bœuf. Dans l'angle Sud-ouest de la chambre et des trois supports S³, pendant les premières fouilles de 1829, on avait oublié un lot d'ossements sur environ un mètre de longueur ; nous y avons recueilli des ossements humains, d'animaux, et d'oiseaux, tous pêle-mêle, et surmontés par les pierres plates tombées du mur d'enceinte.

M. le Dr M. Baudouin, qui les a déterminés, a reconnu des ossements d'enfants de 4 à 6 ans, de 8 à 10 ans, avec série de vertèbres, un adolescent de 12 à 15 ans ; des os d'hommes ; une dent canine bifide isolée ; — pour les ossements d'animaux, un *crâne de renard, un de belette, un de campagnol, des os et crâne de corbeau, etc.* Ces ossements étaient recouverts d'une épaisse couche de plaques cal-

Fig. 8. — Intérieur du tumulus, opposé au côté Est, avec les chambres X, T fouillées et restaurées, en 1908, et M en 1917; la chambre au dolmen M et la chambre voisine N se voient à droite.

caires de $0^{m}20$ centimètres, accolées, et ne permettant pas à un lapin, ni à un renard de s'y fourrer; d'ailleurs, le crâne était seul, sans les autres parties du squelette de cet animal, et au milieu de tous les autres ossements.

Nous avons confié à notre ami le Dr M. Baudouin le soin de les décrire avec les crânes et débris osseux que nous avions recueilli en 1908, dans la galerie de la chambre XZ, située au Nord-est : nous tenons à le remercier du soin qu'il a mis à cette étude très minutieuse, à laquelle il était d'ailleurs tout préparé par ses excellentes fouilles et études d'autres ossuaires néolithiques de Vendrest (Seine-et-Marne) et Bazoges-en-Pareds (Vendée).

Nous avons passé du ciment dans les joints du mur de la chambre, afin de maintenir les pierres plates placées avec une inclinaison de haut en bas, destinée à faire couler l'eau en dehors de la chambre, et aussi à faciliter l'encorbellement des parois que nous avons reconnu dans cette chambre, comme dans les chambres voisines N et Q, situées au Sud.

Nous avons pu voir que le plan et les mesures données par le compte rendu des fouilles de 1829, étaient assez exactes, sauf pour la largeur des supports que nous avons trouvés plus étroits, et les sept pierres, dont cinq, ont été retrouvées. L'orientation de l'axe de la galerie est dirigé Est-ouest, de l'extérieur vers l'intérieur, il correspond à peu près à l'axe de la table du dolmen, très étroite.

Les deux galeries des chambres N et M sont assez bien orientées Est-ouest; mais les deux autres situées vers le Nord dévient de plus en plus vers le Nord-ouest et Sud-est, faisant un angle de 320°, l'aiguille étant placée sur la déclinaison magnétique. Dans la galerie d'accès de cette chambre nous avons trouvé, en la déblayant en 1906, quelques ossements humains, des dents, une moitié de maxillaire de bœuf et de porc ; cette galerie et la chambre M ont surtout donné des ossements d'animaux associés à des ossements humains.

Nous avons donné à la chambre M, comme diamètres intérieurs $5^{m}20$ et $4^{m}80$, c'est-à-dire un peu plus élevés que ceux qui ont été mentionnés au plan de 1831, et qui était de 15 pieds (5 mètres) sur 12 pieds (4 mètres); nous avons dû refaire la moitié Nord de la paroi de la chambre; l'autre au Sud, est restée telle que nous l'avons retrouvée. La galerie mesure exactement ses $7^{m}25$ ou $7^{m}30$, mesures qui sont restées telles qu'elles ont été indiquées en 1831 ; il ne pouvait en être autrement; elle comptait primitivement sept dalles, elle en compte maintenant neuf, parce que nous avons dû en remplacer qui manquaient par des dalles de grès très étroites et minces des carrières de May (T^2, T^3, T^4, T^5).

Chambre N. — Fouilles de 1829 — Les murs d'enceinte de cette chambre N étaient en très mauvais état en 1829; nous les avons retrouvés de même en 1904, et nous avons dû les consolider avec du ciment, les diamètres étaient de 14 pieds (4m60) du Nord au Sud, et de 15 pieds (5 mètres), de l'Est à l'Ouest. A 2m30, on découvrit l'issue interne de la galerie N.

Le bloc de grès qui lui sert de linteau mesure 1m30 de longueur, 1m15 de largeur et 0m35 d'épaisseur; la galerie possède de larges dalles dans toute son étendue; elle a 1m15 de hauteur et 0m80 de largeur; elle est pavée en pierres plates et les murs de soutènement sont en moellons posés à sec. « On était parvenu à trois mètres de « profondeur dans cette chambre N, sans avoir trouvé de blocs, *quand « on rencontra à l'Est sept pierres plates en calcaire plantées verticale- « ment dans l'argile, trois dans la direction Est-ouest, et quatre du Sud « au Nord, elles faisaient saillie de* 0m40 *à* 0m50 ; *les sept pierres verti- « cales formaient une enceinte pavée en pierres plates assez bien ajustées « de* 2m65 *de long sur* 1m65 *de largeur ; au-dessus, on trouva des osse- « ments humains fort nombreux. Ayant levé ce dallage, on découvrit la « couche d'argile qui n'avait pas moins de* 0m75 *de profondeur : elle fut « reconnue dans toute l'étendue de la tombe et enlevée dans toute son « épaisseur jusqu'au sol calcaire.* Ce travail fut fait avec le plus grand « soin, afin de ne rien laisser échapper d'intéressant (1) ».

« *Nos recherches ont été vaines; nous n'avons rien trouvé dans « cette enceinte qui appartienne à l'industrie de l'homme; dans toute « l'épaisseur de l'argile, il ne s'est offert à nos yeux que des débris « humains, frappés par le feu ou consumés par le temps.* Nous « n'avons point remarqué de différence, quant à l'état et à la dispo- « sition, entre les ossements placés dans la division Y, pavée et « entourée de dalles, et ceux qui se trouvaient hors de cette division, « renfermés dans l'argile de l'enceinte N, tous étaient jetés confusé- « ment et sans ordre. Plusieurs de ces os, les plus longs et les « mieux conservés ont été mesurés par nous et comparés aux os « trouvés dans les autres tombes du tumulus, et tous nous ont offert « une dimension au-dessous de la taille moyenne.

« *Le mur de la chambre M, qui voisine avec le dolmen s'élevait en se « rétrécissant ; le même rétrécissement a été observé dans la partie « supérieure de l'enceinte N. Ce mouvement concentrique mesuré à « 3m30 de hauteur offrait un surplomb de* 1 *mètre sur la base*

(1) Donc, lorsque nous avons fouillé à nouveau le fond de cette tombe N, en 1906, nous ne pouvions pas retrouver de squelettes, ni de crânes entiers, comme l'a écrit faussement et intentionnellement M. Gidon, qui a prétendu en outre, que nous avions abandonné notre fouille et qu'un crâne fut saccagé par des ouvriers de la mine voisine; ceux-ci sont bien venus pendant notre déjeuner remuer les pierres et les débris osseux, mais il n'y avait rien d'intéressant à trouver en dessous, puisque les ossements avaient déjà été examinés en 1830, et les meilleurs enlevés. On peut s'en assurer par le récit de la fouille ci-dessus.

Fig. 9. — Intérieur de la chambre N avec le dallage sous lequel nous avons découvert en 1906, des ossements épars et brisés.

Fig. 10. — Entrée de la galerie de la chambre N, avec une fermeture en fer pour empêcher les dégradations (vue prise à l'extérieur du tumulus).

« *du mur* ». (Voir la figure de la planche XX du *Mémoire des Antiquaires de* 1831).

Parmi les trois mètres de décombres entassés sur les ossements humains, il n'a été découvert aucun vestige d'os de grand quadrupède, ainsi qu'on en avait trouvé dans la chambre au dolmen M, le seul où l'on en ait recueilli.

Nos fouilles de la chambre N en 1904 *et* 1906. — Après avoir fait extraire, non sans mal, les 60 mètres cubes d'éboulements qui obstruaient cette chambre, nous avons recueilli, sous le dallage de pierre, des fragments d'ossements humains d'adulte et d'enfants, un petit nucléus en silex et une petite lame, des fragments de poterie noire et rousse de moyenne épaisseur contenant des graviers dans la pâte ; la couche noire archéologique mesurait $0^{m}25$ et $0^{m}30$ d'argile jaune : ensuite, on trouvait le sous-sol naturel calcaire (cauchain).

La galerie d'accès a été refaite presqu'entièrement en moellons et chaux hydraulique pour maintenir toutes les dalles de grès horizontales, ce qui offrait une réelle difficulté pour étayer avec des dimensions très restreintes de $1^{m}15$ de hauteur sur $0^{m}80$ de large ; on ne put effectuer ce travail que progressivement. Les murs de la chambre n'ont pas été refaits ; nous avons simplement fait couler du mortier dans les interstices des blocs pour conserver l'aspect et la forme des parois.

Chambre P. — Fouille de 1830. — Cette chambre est située à l'angle Sud-ouest du monument, elle offrait le même rétrécissement à la partie supérieure. A 3 mètres de profondeur, on reconnut l'aire en pierres plates recouvrant la couche d'argile de $0^{m}60$ d'épaisseur où les ossements étaient déposés ; on retira de cette couche des ossements humains, dont quelques-uns bien conservés ; d'autres avaient subi l'action du feu. Dans cette argile, sur environ $0^{m}30$ de diamètre, il y avait une agglomération de débris très fragiles de coquilles turbinées de plusieurs espèces, dont deux entières.

Au Nord, on trouva un crâne protégé par quatre pierres inclinées en dessus : *il manquait à cette tête, d'une grosseur moyenne, et assez bien conservée, le maxillaire inférieur, quelques parcelles du vomer, des os ethmoïdes et sphénoïdes ;* le crâne avait été tout d'abord recueilli intact, mais une pierre s'étant détachée du mur d'enceinte tomba sur le pariétal gauche et le brisa, au moment où on le retirait. M. Deshayes avait recueilli tous les fragments avec soin et *il avait rétabli la tête dans son état primitif*, d'après le récit suivant des fouilles. (Ce crâne, qui existe au Musée de Caen, n'a plus ses arcades zygomatiques, ni son maxillaire supérieur ; nous l'avons reproduit dans l'étude anatomique du Dr M. Baudouin qui accompagne ce compte rendu, fig. 4, p. 122). Près de ce crâne se trouvait un vase placé aussi entre quatre pierres ; on arriva à le retirer intact, malgré plusieurs fissures qui se sont ouvertes depuis ; il est de forme hémisphérique pour la partieinférieure, avec une partie supérieure plus étroite ; sur chaque côté opposé de la panse se trouve un bourrelet percé de quatre trous, formant un simple décor, plutôt qu'une attache de suspension ; ce vase était renversé, le col en dessous, il ne renfermait que de l'argile, sans cendres, ni ossements, ni traces de substances aromatiques, ou bitumineuses ; il mesure $0^{m}14$ de hauteur et $0^{m}155$ de diamètre maximum ; le diamètre du col est de $0^{m}075$; l'épaisseur maxima $0^{m}04$ (*Fig.* 11).

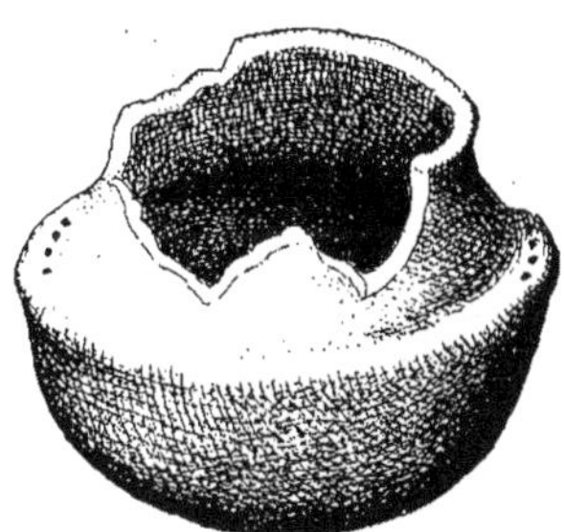

VASE TROUVÉ DANS LA CHAMBRE (P) — VASE TROUVÉ DANS LA CHAMBRE (S)

Hauteur $0^{m}14$ — Diamètre $0^{m}155$ — Hauteur $0^{m}10$ — Diamètre $0^{m}115$

Fig. 11.

Chambre S. — On explora ensuite à l'autre partie opposée du tumulus, au Nord-ouest, la galerie C d'accès de la chambre S ; on dégagea d'abord la galerie d'accès qui mesurait 2 pieds 6 pouces ($0^{m}80$) de large ; le bloc qui la couronnait ne dépassait pas $1^{m}15$ dans sa plus grande longueur.

L'année suivante, on dégagea la chambre circulaire S, semblable aux autres et lui faisant suite ; elle n'avait plus sa coupole et les murs s'effondrèrent pendant son dégagement.

L'argile du fond de cette chambre renfermait des fragments d'ossements brûlés presque noirs, d'autres ossements, une calotte crânienne de moyenne dimension, des débris de poterie noire, grossière et mal cuite, et un vase dont il manquait le tiers supérieur, dans le fond duquel se trouvait une petite hache en pierre recouverte de petits os, ayant sans doute appartenu à des rongeurs analogues à ceux qui ont déjà été signalés : ce vase est aussi hémisphérique avec partie aplatie au centre, et une partie plus allongée vers le col, l'intérieur porte d'un côté un segment plein percé de deux trous ; il est probable que la partie opposée devait lui ressembler ; on n'ose affirmer que ces trous ont servi à le suspendre, car une suspension interne paraît bien peu pratique ; sa hauteur est de 0m10, le diamètre maximum de la panse 0m115, la couleur est rousse à l'extérieur, noire au centre, il se trouve au Musée de la Société des Antiquaires de Normandie, comme le vase de la chambre P ; nous les reproduisons tous les deux (*Fig.* 11).

Cette chambre est totalement détruite depuis 1835, par suite de l'exploitation du tumulus comme carrière, ainsi que la chambre suivante, V.

Chambre V. — La tombe voisine V, à l'Ouest et au centre du

Fig. 12. — Entrée de la galerie T (vue prise de l'extérieur du tumulus).

tumulus, a offert dans la partie supérieure de son enceinte un mouvement concentrique plus prononcé qu'aux autres voûtes. Le côté Est s'était affaissé par suite de la rupture de la table de grès servant de linteau à l'ouverture interne de la galerie. Cette chambre est complètement détruite, car les voitures venant chercher les pierres au tumulus passaient dans son axe.

Chambre T. — Du côté Est, la chambre T fait face à la chambre V ; la fouille de 1830 a été abandonnée à 2ᵐ40, à cause de l'état de dégradation des parois.

Nos travaux à cette chambre T en 1917. — Nous avons rétabli le pourtour et l'entrée intérieure de la galerie, remis en place à l'entrée de la chambre les deux premières dalles en grès de petites dimensions Nᵒˢ 6 et 7, qui gisaient un peu sur le côté de l'endroit qu'elles devaient occuper primitivement. Nous avons laissé une grande dalle de grès Nᵒ 5 sur le côté de cette galerie, n'ayant pas de cries assez puissants pour la relever.

Chambre R. — Sur la face Ouest, la chambre R correspond à la chambre M avec dolmen ; c'étaient les deux plus grandes du tumulus ; elle mesure 15 pieds (5 mètres), sur 14 ou 15 pieds (4ᵐ60 à 5 mètres) de hauteur, « *mais elle ne possédait pas de blocs de grès disposés en pierres fiches, ni de grandes tables horizontales au dolmen. La tombe M est la seule où l'on ait remarqué cette disposition.* » On a trouvé à 2ᵐ30 de profondeur *un squelette qui paraissait avoir été jeté sans précaution au milieu des pierres* : un médecin présent pendant cette découverte, affirma que c'était celui d'un homme de proportions moyennes et il lui a trouvé environ 5 pieds (1ᵐ65).

Chambre Q.— A côté, et aussi à l'Ouest, se trouve la chambre Q, avec coupole tronquée comme les précédentes. Les os trouvés dans l'argile étaient de petites dimensions.

Nos fouilles et restaurations à la chambre Q en 1906. — Nous avons vidé cette chambre Q en 1906 sur trois mètres d'épaisseur, et nous avons trouvé des fragments d'ossements humains, quelques débris de poterie noire et fragile, de rares ossements d'animaux ; la terre était noire et très grasse sur 0ᵐ20 d'épaisseur ; en dessous, une couche d'argile jaune de 0ᵐ30 d'épaisseur reposait sur le calcaire naturel (cauchain). Nous avons dû relever un côté de la table Nᵒ 1, formant le linteau de la galerie d'accès, réparer un angle de la chambre qui s'effondrait, et passer du mortier dans les cavités des pierres pour les maintenir, car les murs étaient disloqués ; on peut constater actuellement cette même déformation que nous n'avons fait que consolider.

Dans la galerie, nous avons refait presque entièrement les murs en pierres sèches, repassé quatre dalles plates en grès de May, Nᵒˢ 4, 5, 6, 7, vers l'entrée extérieure Ouest pour compléter la couverture de la galerie d'accès, les dalles primitives ayant disparu : cette galerie a donc été presque reconstituée, sauf les dalles Nᵒˢ 1, 2 et 3 à l'entrée de la chambre : son axe correspond à celui de la chambre N, située en face ; il est très légèrement dévié de l'Est vers le Sud-ouest.

Chambre O. — A l'extrémité médiane et au Sud, en face de l'espace qui sépare les quatre chambres latérales opposées, on déblaya une chambre O, dont l'enceinte a été presque entièrement ruinée par l'extraction des pierres qui a eu lieu aussi sur ce côté Sud : on y a découvert quelques ossements humains. De la galerie qui y donnait accès il ne reste plus qu'une grande dalle en grès et quelques fragments de pierre.

Chambre X. — La chambre X présente des dimensions moyennes 10 pieds (3m35), sur 12 pieds (4 mètres). « La galerie d'accès de « cette chambre était aussi longue que celles des chambres M et R « (soit 7m25), et une largeur de 1m15 et 1m30 de hauteur ; elle était « également recouverte de blocs de grès d'une grande proportion ». Nous sommes obligés de protester contre ces indications, car à part trois dalles qui manquaient en 1906, et dont nous avons remplacé deux, les autres sont de dimensions très modestes, et pour les soutenir, nous avons dû donner seulement 0m80 de largeur à la galerie ; nous n'avons trouvé que 6 mètres à cette galerie et non 7 mètres ou 7m25.

« La chambre a été complètement fouillée jusqu'au sol primitif ; « la couche d'argile de 0m65 d'épaisseur a fourni des ossements « humains, pas d'ossements de quadrupèdes, sauf ceux d'un héron « ou d'un échassier ; un buccin ondé, poli et perforé de trois trous « qui se correspondaient pour permettre d'être enfilé ; il était placé « près d'un ossement d'une jeune fille de 15 à 18 ans ».

Nos fouilles dans la galerie X Z et la chambre X en 1906 *et* 1908. — Nos fouilles détruisent en partie le récit des fouilles qui précède, pour la galerie et la chambre X ; nous avons déjà fait remarquer que les trois premières dalles d'entrée vers l'extérieur, à l'Est, n'ont que 1m60 et 1m40, elles sont les mêmes qu'en 1830 ; donc en donnant à chaque épaisseur du mur de soutènement 0m35, ce qui est le minimum, il faut retrancher 0m70 à 1m40 ; il ne reste donc que 0m75 à 0m80 d'ouverture à la galerie ; c'est la dimension que nous avons dû adopter, car il y a des dalles plus petites vers la partie qui accède à la chambre ; il y en a trois qui n'ont que 1m30 à 1m35 ; donc la galerie ne pouvait avoir 1m14 de largeur primitivement, et si on a trouvé un peu plus, c'est que les murs calcaires étaient dégradés et fortement diminués de ce fait.

D'ailleurs, nous avons trouvé les dalles sur le point de tomber ou très inclinées en dedans, il a donc fallu les soulever et les soutenir le mieux possible pour refaire les deux murs. C'est en fouillant le tiers Ouest de cette galerie, vers la chambre, que nous avons trouvé un entassement compact d'ossements humains qui nous ont paru être cassés intentionnellement, car on trouvait les deux morceaux à proximité pour les membres supérieurs et inférieurs : la couche supérieure était composée de pierres et d'ossements mélangés sur 0m05 d'épaisseur, et très sèche ; en dessous, une couche moins riche de 0m25 de terre noire humide. Nous avons recueilli aussi trois

Fig. 13. — Entrée de la chambre X; les murs ont été refaits; les tables étaient toutes mises à nu, lors de nos fouilles (vue prise à l'extérieur du tumulus).

voûtes crâniennes, la première était celle d'un adolescent dont les vertèbres entières étaient en connexion; la seconde voûte était privée de ses arcades orbitaires, la troisième avait son maxillaire inférieur à l'extrémité d'un autre groupe de vertèbres ; une rotule paraissait en connexion avec le fémur et le tibia repliés, ce qui est assez extraordinaire pour un os aussi facile à déplacer. Si nous n'avions pas été très préoccupé par toutes les dalles qui menaçaient de nous écraser, car il était presque impossible de les étayer, celles-ci se touchant, nous aurions pu dégager cette très étroite galerie avec plus de facilité et faire d'autres observations. Néanmoins, de très nombreuses constatations faites précédemment par notre ami le Dr M. Baudouin dans la grotte de Vendrest (Seine-et-Marne) et à Bazoges-en-Pareds (Vendée), nous prouvent que les ossements étaient empilés dans les cavités. En 1908, nous avons trouvé à côté, dans un coin de la chambre X, et près de l'angle de la galerie du côté Nord, d'autres ossements, un crâne complet et ses maxillaires, et une voûte crânienne, ce qui prouve que la galerie n'avait pas été complètement vidée et qu'on avait négligé ce coin de la chambre.

Ces cinq crânes plus ou moins complets et les os longs trouvés à côté ont été donnés par nous au Muséum d'Histoire naturelle de Paris, au Laboratoire d'Anthropologie; malheureusement, on n'a a conservé que les deux crânes que nous reproduisons (1) et quelques os longs, omoplates et vertèbres : deux gaandes caisses d'ossements n'ont pas été conservées pour éviter l'encombrement des collections ; nous regrettons de n'avoir pu obtenir plus tôt l'autorisation de faire étudier ces ossements, parmi lesquels le Dr M. Baudouin aurait certainement fait des observations intéressantes. Nous avons offert à notre *Laboratoire de la Société Préhistorique Française* le moulage du crâne le mieux conservé (2). Dans la chambre au dolmen M, nous avons recueilli deux séries de vertèbres; une moitié de sacrum; des os longs; fragments de crâne d'enfant de 4 à 6 ans; de 8 à 12; un adolescent de 12 à 15; un maxilllaire inférieur de vieillard très intéressant, dont nous avons retrouvé toutes les dents; et en plus, une canine bifide isolée; un crâne et un os de corbeau; crânes de campagnol et belette; humérus de bovidé; et un crâne de renard; cela suffit à prouver le soin que nous avons apporté à ces nouvelles recherches; *car des premières fouilles de* 1829-1830, *exécutées alors que le tumulus n'avait pas encore été violé, il ne reste qu'un crâne incomplet et un moulage au Musée des Antiquaires de Normandie*, l'original aurait été offert en 1862, également au Muséum de Paris; toutefois, il est impossible de l'y retrouver actuellement, le catalogue des collections remontant à 1864; ce crâne est donc perdu ou égaré.

Le compte-rendu des fouilles de 1829-1830 est suivi d'un rapport de M. Deshayes, sur quelques mensurations d'os recueillis; ces mesures seront analysées également par le Dr M. Baudouin pour les rapprocher des ossements que nous avons recueillis.

Chambres A et D(?) -- Ce rapport fait remarquer que deux tombes paraissent indispensables pour compléter l'ordre et la symétrie des chambres de ce monument; on les a cherchées dans leur empla-

(1) Pl. I, p. 117 et fig. 2, p. 118.

(2) Nous insistons sur ces faits, qui prouvent encore la fausseté du récit fantaisiste du Dr Gidon, dans le Bulletin des Antiquaires de Normandie.

cement probable en A et en D, aux deux extrémités Nord et Sud, sans rien trouver. Au Nord, en A, toute recherche nous paraît impossible, les matériaux offrent trop peu de largeur, en bordure. Nous avons reconnu en D, cette année, un pourtour de galerie; nous espérons pouvoir retrouver le pourtour complet plus bas, car nous avons déjà rappelé que les côtés Nord et Sud ont été exploités pour des empierrements, après les fouilles de 1834 et 1835, et jusque vers 1840, époque de l'achat du monument.

Voûtes et encorbellement des chambres. — L'encorbellement et la forme des voûtes des chambres avait vivement préoccupé les fouilleurs de 1829 et 1830; aussi tenons-nous à reproduire leurs observations, car eux seuls ont pu faire, à ce sujet des constatations indéniables : « Un fait important n'a pu être suffisamment éclairci : « c'est l'existence du faîte ou sommité conique des tombes que le « rétrécissement graduel et continu vers la partie supérieure de « toutes les enceintes annonce d'une manière évidente. On est « arrivé au déblai de quelques tombes, en commençant par découvrir les galeries qui communiquaient avec elles, et en se dirigeant « vers le mur d'enceinte avec toutes les précautions possibles. Mais « *nulle part le faîte n'a été trouvé intact; partout les enceintes* « *coniques étaient tronquées ou encombrées de pierres plates, semblables à celles employées dans la construction des murs.* « Cependant, plusieurs circonstances se réunissent pour faire « croire qu'il existait une clôture supérieure, un faîte quelconque, « et que l'intérieur des tombes était vide dans l'origine. 1° Les « précautions prises pour le déversement des eaux, en donnant « une inclinaison excentrique aux pierres de construction ; 2° l'état « de désordre où se trouvaient dans l'intérieur des tombes les « décombres entassés, laissant de grands vides entre eux, sans « doute provoqués par l'affaissement du tumulus dû à la rupture de « la voûte. »

Un fait résume toute la question et prouve que la chambre était vide et voûtée, car on n'aurait pas pris soin de faire des longues galeries protégées par des dalles épaisses si l'intérieur de la chambre avait été rempli de pierres; la galerie d'accès libre n'aurait plus eu sa raison d'exister.

Age du tumulus. — Nous avons vu qu'aucune arme ou instrument de silex autre que la petite hache polie trouvée dans le vase de la chambre S, un autre vase trouvé en P, et le petit nucléus avec la simple lame en silex que nous avons trouvée dans la chambre N, a été trouvé ; ce sont les seuls documents pour dater ces sépultures.

Ces poteries à anses latérales ou internes rappellent celles du camp de Chassey (Haute-Saône), elles sont néolithiques et d'une période assez évoluée. La chambre dolménique M, avec sa sorte de ciste, et ses pierres fichées dépassant le dallage, comme dans la chambre voisine N, nous reporte aussi à la fin de l'âge des dolmens et du néolithique : la dalle de couverture en calcaire est ici très longue, 3m30, et surtout très étroite, soit 0m55 à l'Ouest et 0m99 à l'Est. On a observé aussi l'incinération complète de certains ossements réduitsen parties très petites, mais on n'a constaté nulle part de cendres, ni de traces de feu contre les parois des chambres. — Ce monument remonte à la fin du Noélithique (1).

Etude anatomique. — L'étude anatomique indique qu'il y avait dans ce tumulus des sous-dolicocéphales avec une moyenne de 75 à 78, il a dû y avoir du métissage entre des brachycéphales et des dolicocéphales de très petite taille.

L'étude des ossements de la chambre M, a révélé un enfant de 4 à 6 ans, un de 8 à 10 ans, avec déformation crânienne, un adolescent de 12 à 15 ans, deux femmes adultes et trois hommes; un maxillaire de vieillard. Nous y ajouterons nos cinq crânes plus ou moins complets de la galerie et chambre X; ce qui a permis de faire des constatations anatomiques sur treize sujets distincts.

Il s'agit incontestablement d'un ossuaire, il n'y a jamais eu d'inhumation, car un seul squelette à peu près entier a été trouvé lors des premières fouilles de 1830 dans la chambre R.

M. Deshayes qui prit une part importante aux fouilles et fit le rapport, eut la très louable idée de publier à la fin des mensurations sur les os remis par lui au Musée des Antiquaires de Normandie. Il observa que bien que choisis parmi les plus beaux, ils représentaient des types d'une taille plutôt inférieure à celle de la région actuelle. Il choisit de préférence ceux qui se trouvaient dans l'argile inférieure, parce qu'ils les croyait forcément plus anciens (il parait donc avoir négligé ceux qui étaient sur les dallages). « Les « plus grands des fémurs trouvés dans l'argile n'avaient que 0m39; « tous les autres ne dépassaient pas 0m37; il s'en est même trouvé « qui avaient à peine 0m35 et qui cependant appartenaient à des « adultes. Les humérus, les tibia et péroné que nous avons mesurés « offraient tous une dimension analogue; il en était de même de la « *seule tête que nous ayons trouvée entière* ». En se basant sur une

(1) Notre collègue, M. M. Baudouin, nous a fait remarquer que la chambre M à dolmen étant orientée à 90° avec 21°30' de déviation, pourrait remonter à 8.000 ou 7.500 av. J.-C. Le tumulus de la Hogue serait plus récent que celui de Bazoges-en-Pareds (Vendée), qu'il a exploré, et qui n'avait que 7° de déviation [soit 12.000 av. J.-C.]. La Hoguette donnant 15°30' remonterait à 10.000 ans. La Hoguette serait donc plus ancienne d'environ 1.200 ans que la Hogue.

Par contre, les chambres X et T, qui ont 35° de déviation, au lieu de 21°, ne dateraient que de 5.500 av. J.-C

règle attribuant au fémur les 26/00 de la hauteur de l'homme, il a trouvé que le fémur de 0m39 appartenait à un homme de 1m69, et d'après le Dr Salvage seulement 1m57.

Un autre fémur n'avait que 0m37, ce qui lui donne 1m545, et d'après les proportions de Salvage 1m48. Un autre fémur d'après Salvage n'aurait que 1m42. Tous les autres ossements recueillis dans l'argile ne dépassaient pas ces mesures. Un humérus avait 0m262 de long; un autre 0m264, et comme la longueur totale de l'humérus correspond aux 15/80 de la hauteur de l'homme, d'après Salvage, l'individu auquel il appartenait mesurait 1m534.

La longueur d'un péroné avait 0m31, et en observant que le péroné a les 9/40 de la taille de l'homme, celui ci mesurait 1m50.

Un tibia retiré de la tombe R, n'avait que 0m315, il correspondait à un homme de 1m445, et d'après Salvage, de 1m40 seulement.

Toutes ces mesures vont en décroissant pour la taille qui, si elles étaient, réellement celles que donnent les mesures du Dr Salvage, seraient celles de Pygmées.

Pour le crâne, il a trouvé pour sa hauteur verticale, sans le maxillaire inférieur, 0m139.

Le rapport se termine par des regrets de n'avoir pu assurer la conservation du monument, à cause de la nature des matériaux qui s'altèrent très facilement à l'air (ce qui est exact), et aussi parce que des murs de clôture auraient coûté très cher. Nous ferons remarquer qu'alors ce tumulus n'avait pas de valeur, et qu'en l'achetant tout simplement en 1830 pour 500 francs, comme l'a fait dix ans plus tard M. Lehardelay, les membres de la Société des Antiquaires l'auraient sauvé, car l'exploitation comme carrière de remblai ne fit que se développer, aussitôt après les fouilles, et surtout en 1834 et 1835 : les intempéries séculaires n'auraient pu en faire certainement autant.

Etudes des Monuments à coupoles. — Dans son étude sur l'influence de la civilisation orientale en Orient et en Europe dans les monuments mégalithiques (Stockholm 1899), M. Montelius a cité et reproduit une quantité considérable de monuments où on retrouve l'évolution de la chambre dolménique précédée d'une allée couverte : cette chambre se transforme successivement, les pierres deviennent de plus en plus nombreuses, et par suite elles cessent d'être verticales pour être entassées les unes sur les autres horizontalement.

Tumulus d'Angleterre. — L'Irlande possède de nombreux tumulus avec chambre centrale et galerie d'accès, nous citerons d'après Fergusson les trois nécropoles de *Tailten*, de *Cruachan* et de *Brugh;* dans celle de Tailten se trouvent les tumulus célèbres de

Long-Crew avec les gravures spiraliformes. La nécropole de Drogheda comprend 17 tumulus disséminés sur 3 kilomètres; les principaux sont ceux de *Knowth* à l'Ouest et de *Dowth* à l'Est, de *New-Grange* entre les deux précédents, et celui de *Dagdha*, plus près de la Boyne. Le tumulus de *Knowth* mesure environ 60 mètres de diamètre, 16 à 17 mètres de hauteur, et une plate-forme de 30 mètres de

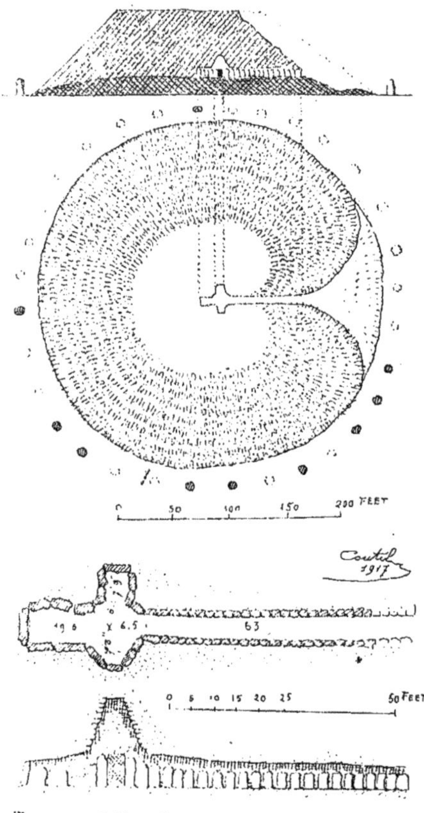

Tumulus de New Grange près Drogheda

Fig. 14.

largeur. A 1500 mètres se trouve le tumulus de *New Grange*, connu depuis 1699, exploré ensuite en 1725 et 1770; il mesure 94 mètres de diamètre, sa hauteur est de 21 mètres, la chambre centrale est en forme de croix, elle est à 16^{m}80 du sommet du tumulus : une plate-forme de 35 mètres existe au sommet : un cercle de grands monolithes existait jadis à la base; ils étaient espacés de 10 mètres les uns des autres, sur une circonférence de 300 mètres, ce qui portait le nombre à 30, comme à Stonehenge (*Fig.* 14).

A 22^{m}50 du bord extérieur et à 4^{m}50 au-dessus du niveau du cercle de pierres se trouve l'entrée de la crypte; une grande pierre de 3 mètres de longueur sur 0^{m}45 d'épaisseur existe à l'entrée; elle est ornée de très belles spirales doubles; la galerie conduisant à la chambre mesure 12 mètres de longueur sur 1^{m}80 de hauteur et 0^{m}90 de largeur : la toiture de la galerie, formée d'énormes dalles, s'élève progressivement jusqu'à 21 mètres de l'entrée, où elle se transforme en dôme conique de 6 mètres de hauteur, elle est formée

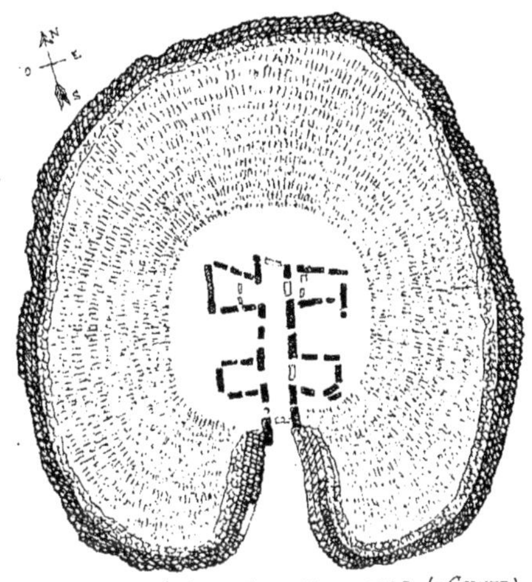

TUMULUS de PARK CWN (PENINSULE de GOWER) (ANGLETERRE)

Fig. 15.

de gros blocs placés horizontalement; la galerie se prolonge au delà des 6 mètres et forme à droite et à gauche deux chambres latérales, celle de l'Est est plus profonde que celle qui lui fait face : un bassin de pierre de forme ovale, de un mètre de largeur et 0^{m}20 de profondeur existe au milieu de chacune des trois chambres; les pierres d'angle des chambres et celles du fond portent aussi des gravures. Cette ornementation des pierres, dès l'entrée, pourrait faire croire qu'on n'avait pas fermé la galerie, pour permettre de les voir; mais les décors de la chambre du fond étaient constamment dans l'obscurité, ce n'était donc pas une raison de laisser ouverte la galerie; on a supposé qu'on descendait dans ces chambres par le centre, comme à *Park-Cwn* (*Fig.* 15) et *Plas Newydd*, et comme au Mane er Hoeck (Morbihan) ou à Gavrin'is

Le tumulus de *Dowth* ou de *Dabhad*, exploré en 1847, possède aussi un vestibule de 12ᵐ20, une chambre centrale, avec dôme et trois branches, comme à New-Grange, avec un bassin de pierre au centre de 1ᵐ50 sur 0ᵐ90; la branche Sud opposée à la petite chambre mesure 8ᵐ40. Ce tumulus mesurait 60 mètres de long et 36 mètres de large, mesures correspondant à peu près à celles du tumulus de Fontenay-le-Marmion : les parois de Dowth sont encore plus richement ornées. Le petit tumulus de Neterville House reproduit ces dispositions, sans les gravures. Les dix ou douze tumulus situés près du tombeau de *Dagdha* rappellent ces dispositions. On y a trouvé près de l'entrée en 1842, des parures d'or, deux torques, une fibule, un anneau et une monnaie de Geta (205-212); ils ont été placés là bien après la construction du tumulus; tandis qu'à Dowth, on a recueilli des pierres globulaires, des perles d'ambre, de verre, des parties de bracelets en jais, un bouton, une fibule (dont on a oublié de désigner le métal), des poinçons en os, une épingle de bronze, des couteaux et anneaux en fer, et pas d'armes en silex : aussi, on a supposé que ces monuments avaient pu appartenir aux premiers rois Irlandais Crimthaun jusqu'à Leoghaire.

A 40 kilomètres à l'Ouest de Brugh, se trouvent les tumulus de *Lough-Crew*, de même type, explorés aussi de 1867 à 1868 par M. Conwell; le plus intéressant mesure 35 mètres de diamètre, avec 37 pierres de 2 à 4 mètres de longueur, posées de champ sur le pourtour de sa base; le plan des chambres forme une croix, elles se trouvaient aussi à 8ᵐ40 de l'entrée; il y avait 28 supports en pierre, ornés de gravures et une pierre en forme de cuvette placée au centre; on y a trouvé des os et une épingle de bronze.

Nous citerons encore le tumulus de Park Cwn, dans le Pays de Galles, avec deux galeries parallèles en croix; les tumulus d'Inverness; de Bruan et Camster, comté de Caithness (Ecosse); le barrow de Ballowall, commune de Saint-Just, à l'extrême pointe du Cornouailles, fouillé en 1879, par Borlask; la chambre rectangulaire à trois petites cavités, en élévation de Maeshowe; de Quoyness; et de Quanterness, dans les îles Orcades (Ecosse). Nous citerons les tumulus de Frederiksborg et de Holboek en Danemark, avec galeries parallèles, dans l'île danoise de Mœn, à Steenkamre, près Roddinge, citée par Worsaë. En Suède, la chambre ronde de Ottagarden, près de Falkoping (Ouest du Gotaland). Les monuments du Nord de l'Europe sont plus simples. En Espagne, la chambre avec deux petites cellules et galerie de Los Millares, avec pilier central pour maintenir la voûte. En Portugal, la chambre avec galerie de Alcala, province d'Algarve, offre certains rapports avec l'allée couverte à coupole sous galgal près de l'île Longue en Baden (Morbihan). La sépulture du Mas de l'Aveugle, près de Collorgues (Gard), avec chambre en encorbellement recouverte de deux grandes dalles superposées rentre dans ce type de sépulture.

Il en existe aussi en Phrygie, en Lydie et en Carie (tumulus de Gheresi), en Asie Mineure et en Grèce; les tombes Mycéniennes du type du Trésor d'Atrée, contemporaines de l'âge du cuivre rentrent dans cette catégorie.

Quant aux chambres à encorbellement modernes en pierres sèches, sans galerie, on les retrouve dans de nombreuses localités; nous les avons observées dans le Jura, lors du Congrès préhistorique de 1913, près des tumulus de Crançot, que nous avions explorés pour le Congrès. — M. Formigé (1) les a étudiés dans le *Bulletin monumental* de 1914 (78e vol.) ; il en cite aussi dans les Bouches-du-Rhône, le Vaucluse, les Basses-Alpes, la Drôme, le Rhône, l'Auvergne, l'Ardèche, le Gard, les causses du plateau Central, le Tarn-et-Garonne, les Pyrénées-Orientales, l'Ariège, c'est-à-dire voisines de la Méditerranée et de la vallée du Rhône. On peut en citer en Italie, à l'ouest de la Ligurie, les *trulli* ou *caselle*, dans la Pouille, les *Nuraghi* en Sardaigne, le nord de la Sicile et l'île de Pantelleria.

Dans le Sud-est de l'Espagne et les îles Baléares, où elles portent les noms de *garritas, barracas, talayots*. On en trouve aussi dans le Portugal; en Angleterre dans l'île Lewis; dans le Nord de l'Ecosse, dans le pays de Galles et en Irlande.

Tumulus de Fontenay-le-Marmion.

BIBLIOGRAPHIE.

Rapport sur les Fouilles de Fontenay-le-Marmion (Mém. Soc. Antiq. Normandie, 1831-1832-1833. T. VI, p. 275 à 318; atlas, pl. XIX, XX, XXI, XXII).

De Caumont. — *Cours d'Antiquités monumentales*, 1830. T. I, Ire partie. Ere Celtique, p. 132 à 136, et 255 à 262, carte et pl. XI, pour *Poteries celtiques découvertes dans le Tumulus de Fontenay-le-Marmion (Calvados)*, litho. de Chalopin. C. Le Nourichel, d[it].

L'Abbé Cochet a aussi reproduit un de ces vases dans ses *Sépultures gauloises, franques et normandes*, 1857, p. 27; mais il n'a pas la forme exacte.

De Caumont. — *Abécédaire ou rudiments d'archéologie. Ere gallo-romaine...*, p. LIV [reproduit un des vases].

De Caumont. — *Statist. monumentale du Calvados*, T. II, p. 168.

(1) Formigé. — *Les Cabanes de pierres sèches dans le Vaucluse*. 78e vol., p. 47 à 57, fig.

A. Bosquet. — *La Normandie romanesque et merveilleuse*, 1845, p. 192.

L'Univers pittoresque. — France 1845. — *Monuments druidiques : Ossuaire gaulois (plan et coupe verticale du Tumulus de Fontenay-le-Marmion)*, pl. XXI : Gaucher del., Lemaitre, direxit, A. Jouanney sc.

Sausse. — *Le Tumulus de Fontenay-le-Marmion* (Rev. archéologique, 1897, II, p. 163-170, 8 pag., 4 fig.). — *Diction. archéol de la Gaule, Epoque celtique*, p. 406-407. — *Invent. Monum. mégalith. France*, 1880, p. 18.

L. Coutil. — *Dict. paléoeth. Calvados*, 1895, p. 22 à 26 (Bul. Soc. norm. études préhist. 1894).

A. de Mortillet. — *Les Monuments mégalithiques du Calvados*, 1894-1895, 8 p. 730-731.

O. Montelius. — *Der Orient und Europa einfluss der Orientalischen cultur auf Europa...* 1899, p. 61-62, fig. 72a, 72b.

A. Dumont. — *Age du Tumulus de Fontenay-le-Marmion.* (Bul. et Mém. soc. anthrop. Paris.)

L. Coutil. — *Invent. mon. mégalith. Calvados*, 1902, 86 p., p. 12 à 22.

F. Gidon. — *Le Mégalithique du Calvados*, 1913, p. 73.

F. Gidon. — *Ancienne Flore des Tumulus de la campagne de Caen, l'ancien Climat et la Submersion atlantiennne*, 1916.

F. Gidon. — *Stations résiduelles d'une ancienne végétation xérophile dans la campagne de Caen*, 1915, *et régions agricoles*, 1914.

F. Gidon. — *Tumulus néolithiques à coupoles et régions agricoles primitives de la Basse-Normandie*, 1914.

F. Gidon. — *Rectifications aux statistiques et notices diverses de M. L. Coutil sur les Tumulus néolithiques du Calvados*, 1917 ; ces divers imprimés de M. Gidon ne reposent sur aucune fouille ou recherche personnelle, et sous prétexte de rectifications, fourmillent d'erreurs ; ils *dénaturent volontairement les textes*, au lieu de les rectifier.

Le fait d'avoir moulé et décrit des cavités naturelles et très modernes, comme cupules et rigoles rituelles, de prétendre dater des Tumulus par les plantes qui poussent actuellement en dessus ; et ses indications de *chemins néolithiques*, etc , suffisent à classer l'auteur ; nous n'insistons pas.

Autres Tumulus du Calvados.

Autres tumulus du Calvados. — Nous compléterons cette étude en rappelant la présence, la disparition ou la fouille de monuments analogues du Calvados. *Le Cours d'antiquités monumentales* de M. de Caumont a mentionné (p. 137-138), ceux de *Chicheboville* et *Bellengreville*, détruits vers 1820 ; et de *Colombiers-sur-Seulles*, fouillé par Gervais. Nous sommes obligés de reproduire nos descriptions de ces monuments, ainsi que celle de *Condé-sur-Ifs* (*Butte du Hu*, fouillé par Galeron, en 1833), du *tumulus voisin situé entre Condé et Ernes*, par Bellivet en 1844, car nos indications ont été également dénaturées par principe, par M. Gidon : nous avons ajouté des photographies et des plans cadastraux ; il sera possible de voir que nos descriptions n'ont pas changé ; nous les avons seulement résumées ici, le plus possible, pour condenser l'étude de cet ensemble si intéressant des tumulus du Calvados.

Butte de la Hoguette. — Au nord de Fontenay-le-Marmion, à quelques centaines de mètres sur le versant méridional du coteau regardant Fontenay, à droite et au Nord-est du tumulus de la Hogue existe une éminence portant le nom de la Hoguette; ce point est encore plus élevé que celui de la Hogue.

De forme ovale, le grand axe de cette sorte de tumulus est orienté Est-ouest; l'ouverture d'une carrière, actuellement aban-

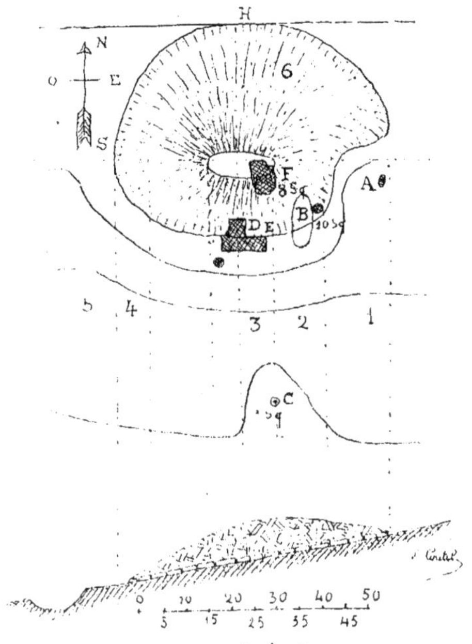

Fig. 16.

donnée, a déprimé la partie Est de cette éminence; les dimensions relevées par M. G. Sausse, enseigne de vaisseau, qui en a exploré une petite partie en octobre 1895 (1), lui ont donné 31 mètres pour la moitié du grand axe Est; 38 mètres pour la moitié du grand axe Ouest, soit 69 mètres de diamètre total de l'Ouest à l'Est, 54 mètres pour le petit axe, et comme hauteur actuelle 1^{m}50; il

(1) G. Sausse. — *Fouille d'un Galgal à Fontenay-le-Marmion* (Calvados). *Bul. monumental*, 7e série, t. I, 1896, p. 199 à 215.

serait donc plus grand que le tumulus de Fontenay-le-Marmion (si vraiment cette butte était artificielle, comme l'a cru M. Sausse), mais beaucoup moins élevée, car le tumulus de Fontenay offre encore 5 mètres pour les deux chambres : aussi cette trop faible hauteur peut laisser quelques hésitations (1).

Ce terrain a souvent servi de carrière, et on peut encore reconnaître des cavités en A, B et C du plan. M. Sausse a recueilli un

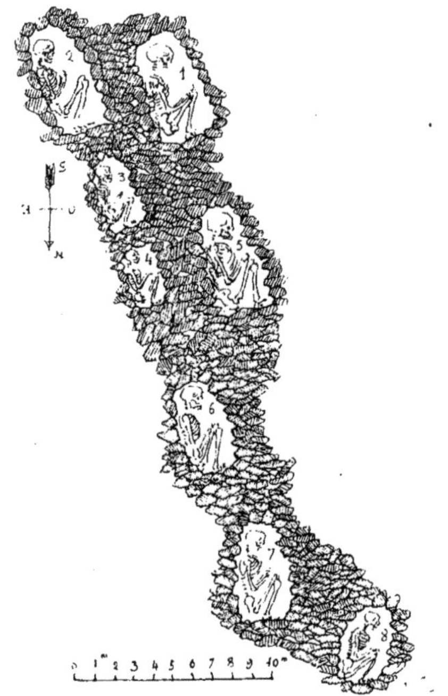

La Butte de LA HOGUETTE à FONTENAY le MARMION
Feuilles de Mr SAUSSE en 1893 au point F.

Fig. 17.

certain nombre de faits observés pendant l'exploitation de ces carrières; il les a rapportés pour étayer son hypothèse et pour prouver qu'il s'agit d'un tumulus néolithique, ce qui n'est pas encore démontré.

Le propriétaire du champ n° 1, M. Lacroix, aurait reconnu vers 1860, à la limite de son champ et du voisin n° 2, dans une large

(1) Le tas de clous gisant près des blocs de grès est un argument qui, à lui seul, suffit à faire rejeter la détermination de cette pierre comme entrée d'allée couverte.

fosse, l'entrée d'une allée couverte formée de larges dalles de grès rouge, rappelant celles du tumulus de la Hogue; il prétendit *avoir trouvé à l'entrée un tas de clous!* et des squelettes au voisinage, avec un fragment d'argile cuite recouvert d'un enduit noirâtre et portant une dépression faite au doigt.

Une seconde carrière B, dans le champ n° 2, donna dix sépultures placées bout à bout, suivant une ligne Nord-sud. Au point C, au Sud et à 35 mètres en dehors de la butte, on trouva trois squelettes étendus près d'une sorte de chambre circulaire; le propriétaire de ce champ n° 2, M. Karrel, *recueillit un moyen bronze de Néron? à proximité des ossements.* Une pierre à broyer le grain en granit fut trouvée au pied du tumulus vers 1895, une partie est presque entièrement polie.

En octobre 1895, M. Sausse fit une seule fouille au point E, dans le terrain de MM. Lacroix et Harrivel, il s'arrêta sur la couche calcaire inférieure ou chaussin : il remarqua sur le sol une couche de dalles de grès grossier surmontées de petites pierres calcaires formant le galgal : sous les dalles de grès, la terre était grasse et noire (comme dans les chambres du tumulus de la Hogue). Au point F, on trouva une sépulture n° 1 du plan; c'était celle d'un homme adulte, il était couché sur le côté gauche, les genoux ramenés vers le menton, l'ensemble des ossements était orienté S.-S.-E. et N.-N.-O., la tête était au S.-S.-E.; aucun objet ne se trouvait à côté : « Le *stone-cist* dans lequel reposait le squelette « était formé *de quelques plaquettes calcaires de la butte rangées sur* « *les côtés du cadavre, et recouvert de dalles de même nature; mais* « *l'extrême friabilité du calcaire et le poids des pierres avaient* « *amené « la ruine » de ce cercueil rudimentaire. Les mêmes causes* « *malheureusement avaient amené « la destruction des autres tombes »* « *qui furent ouvertes par la suite, de telle sorte que les squelettes* « *qu'elles renfermaient étaient en très mauvais état de conservation.* « *Les ossements étaient pour la plupart « pulvérisés », les moins endom-* « *magés étaient encore fragmentés en un grand nombre de mor-* « *ceaux* (1). »

M. Sausse ajoute en note que « *la figure qu'il a donnée n'était qu'un simple schéma; les corps y sont bien représentés dans leurs positions particulières et relatives, mais les squelettes et les tombes étaient loin de l'état de conservation que laisse supposer le dessin.* » (*Fig.* 17).

(1) Nous nous demandons comment M. Sausse a osé figurer huit caissons et huit squelettes entiers dans des attitudes bien déterminées, et des caissons séparés, puisque tout était effondré et les os très fragmentés; ce croquis (fig. 17) n'est donc destiné qu'à tromper le lecteur : nous l'avons reproduit toutefois pour que l'on puisse s'assurer de nos observations faites sans aucun *parti pris*.

« Les fouilles amenèrent la découverte de sept autres tombes « orientées suivant la même direction; toutefois, la dernière, 8 du « plan, était franchement N.-S. les squelettes y étaient disposés « comme dans la ciste N° 1 (*Fig.* 17).

« La tombe 1 a donné la plupart des os longs, *quelques* vertèbres, « des *fragments* du crâne, des omoplates et un bassin.

« La tombe 2, les *fragments* d'une boîte crânienne qui a pu être « *reconstituée* (?); les ossements des tombes 1 et 2 appartenaient à « des adultes mâles.

« La tombe 3 a donné aussi des *fragments* de crâne d'enfants, « ainsi que la tombe 4; et dans la tombe 6, des *fragments* de crâne « d'adolescent; la tombe 5, une partie de la face et des pariétaux « d'un crâne de femme; la tombe 7, un adulte au sexe indéterminable; et la tombe 8, un enfant ».

Dans ces sépultures, M. Sausse remarqua que les dalles de grès qui auraient dû être placées à la base, sur un sol préparé, étaient disséminées dans l'ensemble. M. Sausse en conclut que le tumulus préparé d'abord avec méthode a été remanié, lors du dépôt des sépultures (ce qui n'est pas du tout prouvé).

Il a supposé que les corps placés dans les tombes n'avaient pas été décharnés auparavant, car il a remarqué : « *sur les dalles des cistes, en contact avec les ossements, des taches et incrustations brunâtres « qu'il attribue à la décomposition des cadavres* », ce qui est encore une pure hypothèse, car on remarque des taches analogues sur la plupart des plaquettes calcaires dans toutes les carrières des environs, à la condition que ces plaquettes ne soient pas trop éloignées du sol; ces taches sont des dépôts de lessivation ou infiltrations de l'humus supérieur.

Le seul objet trouvé dans cette fouille est une coquille de murex gisant avec le squelette N° 5 et portant un trou opposé à son ouverture (un buccin semblable a été trouvé dans le tumulus de la Hogue). Un fragment de mâchoire de bœuf se trouvait au-dessus de la tombe N° 6, à 0m70 de hauteur au-dessus du sol naturel.

M. Sausse a rapproché ces sépultures de celles de l'*île de Thinic en Quiberon*, décrites par Gaillard; il a rappelé qu'on y avait trouvé aussi des mâchoires de bœuf et que les crânes y étaient également de forme allongée; et après avoir mesuré les crânes et ossements de la Hoguette et les deux crânes du tumulus de la Hogue, il était porté à croire que la Hogue fut le cimetière des chefs de la tribu, et la Hoguette, celui des gens du commun (?)

(1) Voir l'étude du Dr M. Baudouin sur les ossements humains décrits par M. Sausse, à la fin de ses mensurations sur les ossements de Fontenay-le-Marmion.

Bien qu'il n'ait reconnu que huit sépultures ou plutôt huit groupements d'ossements humains, il a mentionné dans une note de la page 212, vingt et un squelettes trouvés à la Hoguette; et il ajoute, toujours sans preuves, « *certainement la butte en recouvre un grand nombre d'autres que j'espère mettre au jour, lorsqu'il me sera possible de continuer les fouilles.* »

Conclusions. — Nous avons tenu à résumer son étude et à souligner les points trop nombreux qui ne permettent pas du tout d'affirmer que la Hoguette ait été un tumulus construit de main d'homme, ni que les huit groupements d'ossements aient été placés dans des *cistes*, ni que ce soient des sépultures distinctes, car il a négligé de nous dire à quelle distance elles se trouvaient les unes des autres, malgré l'échelle métrique placée sur le côté du plan et qui ferait supposer que ces groupements étaient distants de 3, 4 ou 5 mètres.

En faisant ces observations, nous n'avons pas songé à critiquer, ni à contester les documents présentés par M. Sausse, mais simplement à prévenir le lecteur sur la date à laquelle quelques-uns de ces ossements peuvent remonter, car l'endroit où ils ont été découverts se trouve à environ 350 mètres du chemin romain dit *chemin chaussé*; et *M. Sausse dit lui-même, que dans une pièce voisine de la Hoguette* (note des pages 214, 215), *on a trouvé à plusieurs reprises des monnaies romaines et qu'il y a ramassé un fragment de poterie Samienne...*; *qu'au lieu dit Baligan, également dans le voisinage, on a découvert vers* 1855, *un squelette inhumé debout* (?), *ayant à son côté une épée, dont la poignée luisait comme de l'or*. Il pourrait donc y avoir superposition ou mélange de sépultures mérovingiennes ou romaines sur des sépultures néolithiques; celles-ci sont confirmées d'ailleurs par la présence de la race à très petite taille de la fin du néolithique.

Dans notre étude sur *les plaques franques du Calvados*, nous avons décrit et figuré une boucle en or ornée d'un cabochon grenat trouvée à Fontenay-le-Marmion, elle se trouve au Musée des Antiquaires de Normandie à Caen; elle provient du cimetière mérovingien, dépendant probablement de la chapelle de *Saint-Germain-du-Chemin*, située sur une éminence conique à proximité aussi de la même voie romaine; ce cimetière a fourni un grand nombre de cercueils de pierre. Rien ne prouve que les dernières sépultures postérieures à la période carolingienne ne se sont pas étendues vers la Hoguette? Il faut donc être très prudent dans ses conclusions sur les ossements provenant de cette région; car ce n'est pas parce que le tumulus de la Hogue se trouve à quelques centaines de mètres de la Hoguette que les autres ossements humains existant dans le voisinage, sont nécessairement néolithiques (1). Nous estimons qu'il fallait exécuter toute une série de sondages sur divers points, distants de 25 et même 50 mètres, pour vérifier l'existence d'autres sépultures, s'assurer qu'elles sont réellement néolithiques et si ce sont bien des sépultures isolées. Nous verrons par la suite qu'il existe un certain nombre de points élevés, mais n'offrant pas de reliefs très accusés, qui portent dans le Calvados et l'Orne le nom de *Hogue* ou *Hoguette*; ce nom n'implique donc pas nécessairement la présence d'un tumulus (2).

TUMULUS DE COLOMBIERS-SUR-SEULLES.

(*Canton de Rys, arrondissement de Bayeux*).

Les derniers vestiges de ce tumulus se voient au sommet du coteau qui domine la rive gauche de la Seulles, à droite et à environ 35 mètres de la route de Colombiers-sur-Seulles au pont de Reviers, et à environ 600 mètres du menhir de la *Pierre Debout*, en face du château des Planches-sur-Amblie; il est actuellement dissimulé dans un petit bois de sapins, qui recouvre tout le tumulus et va jusqu'à la route (1) (Section B, N° 151 du cadastre de Colombiers-sur-Seulles).

Ce Tumulus a été fouillé en 1825 par MM. Gervais et de Caumont. Dans son *Cours d'antiquités monumentales, ère celtique* (p. 138 à 140, pl. VI, fig. 9), M. de Caumont donne comme me « sures à ce tumulus : « à la partie la plus élevée, située vers l'Est, « 12 pieds (4 mètres), et à l'extrémité opposée, plus petite, 4 à « 5 pieds (soit 1^{m}30 à 1^{m}65); pour sa longueur actuelle (en 1830), il « fixe 160 pieds (soit 52^{m}80); 50 pieds de largeur à la base, vers le « gros bout (soit 16^{m}50) ; 25 ou 30 pieds au centre (8 à 10 mètres); « et seulement 12 à 15 pieds vers le petit bout (soit 4 à 5 mètres). »

M. Mangon de la Lande (3) qui l'a mentionné en 1832, c'est-à-dire sept ans après les fouilles, diffère un peu sur les mesures, qui sont plus élevées, ce qui est *matériellement impossible*, il dit que : « ce monument était primitivement de forme ronde (ce qui est une pure

(1) Comme nous le ferons remarquer pour le tumulus de Conteville ou Secqueville.

(2) Nous avons photographié ces vestiges en 1900, alors que des sapins venaient d'être plantés; nous avions demandé à M. de Courson, propriétaire du château des Planches et du monument, d'enlever les jeunes sapins qui se trouvaient sur les buttes; il nous l'avait promis; mais actuellement, les racines sont profondément engagées parmi toutes les pierres..., bien que M. Gidon prétende qu'il n'y a pas de pins sur le tumulus! Son observation est aussi fausse que ce qu'il a écrit sur ce monument, qu'il n'a certainement pas vu, car il n'aurait pu écrire ce qu'il a dit.

(3) M. DE LA LANDE. — *Memoire sur l'antiquite des peuples de Bayeux*, 1832, p. 54.

hypothèse); que son élévation était de 15 pieds (5 mètres), au lieu de 4 mètres indiqués par de Caumont, et 10 pieds de longueur (soit 23 mètres); or, *en réalité, le tumulus mesure actuellement* $3^{m}50$ *de hauteur maxima et* 13 *mètres de diamètre pour la partie la mieux conservée à l'Est.*

MM. de Caumont et Gervais découvrirent en A, dans la butte la moins élevée, vers l'Ouest, cinq grosses pierres debout et en rond,

Fig. 18. — Menhir de La Pierre Debout, à Colombiers-sur-Seulles, hauteur $2^{m}30$; face Nord (côté de la route).

formant une chambre dont le diamètre était de $1^{m}45$ et la profondeur environ de $0^{m}65$ à $0^{m}90$: cette cavité renfermait une grande quantité d'ossements humains dont plusieurs étaient à moitié brûlés; ils fouillèrent aussi vers le centre, dans la partie la plus étroite, en B, un autre cercle de pierres de 5 pieds de diamètre environ ($1^{m}65$), et semblable au premier; il renfermait à la base, sous une couche de terre et de cailloux, des ossements humains brisés dont plusieurs avaient subi l'action du feu, et de la terre remplie de cendres. La partie médiane du tumulus a disparu sur plus de 12 mètres, avant

1900, et M. de Courson a fait enlever à l'extrémité Est 6 mètres de pierrailles pour former le quadrilatère entouré d'un fossé où il a fait planter les sapins.

Si on mesure sur la carte d'Etat-major la distance des deux menhirs entre lesquels le tumulus se trouve, et qui est de 3800 mètres, on voit, en outre, qu'il se trouve sur la ligne Ouest-est, rejoignant ces deux monuments : il est à environ 3400 mètres de la *Pierre Debout* de Reviers et à environ à 600 mètres de la *Pierre Debout* de Colombiers, laquelle se trouve à 500 mètres de l'église de Colombiers.

A environ 700 mètres du tumulus, entre la route de Colombiers

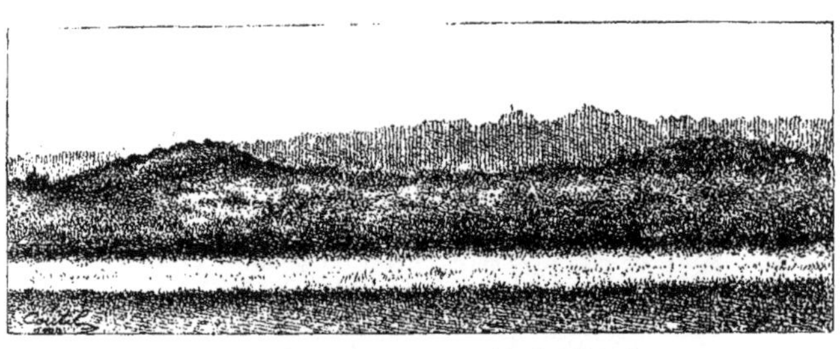

TUMULUS de COLOMBIERS sur SEULLES (CALVADOS) Avant la plantation des sapins en 1900 (CÔTE NORD de la route)

TUMULUS de COLOMBIERS sur SEULLES après les fouilles de M.M. GERVAIS et de CAUMONT en 1825 d'après l'ATLAS du COURS d'ANTIQUITÉS MONUMENTALES de de CAUMONT (CÔTE NORD)

Fig. 19. — Tumulus de Colombiers-sur-Seulles.

à Reviers et la grande route passant à Banville se trouve la *Butte du Houx*, elle aurait supporté jadis une motte féodale ; elle existait encore au commencement du XIXᵉ siècle, elle était entourée de fossés, qui ont été nivelés en défrichant le bois où elle se trouvait. Elle servit d'abri aux Chouans en 1796, 1797 et 1798. La butte fut défrichée en 1818, et rasée en 1838, par M. Denis, fermier général.

Il est impossible de savoir si cette butte était du moyen âge ou un ancien tumulus plus ancien.

BIBLIOGRAPHIE

De Caumont, *Statistique monumentale du Calvados.*

Cours d'antiquités monumentales, 1re *part.*, *Ère Celtique*, 1830, p. 138, 140. Atlas, pl. VI, fig. 4.

Mangon de La Lande, *Mémoire sur l'antiquité des peuples de Bayeux*, 1832, p. 54.
De Courson, *Notes recueillies sur Colombiers-sur-Seulles*, 1890, p. 9.
Dictionnaire archéologique de la Gaule, p. 298.
Inventaire des Monuments Mégalithiques, 1880, p. 16.
L. Coutil, *Dictionnaire paléo-ethnologique du Calvados*, 1895, p. 7.
A. de Mortillet, *Les Monuments Mégalithiques du Calvados* (Congrès de Caen 1894). Associat. franç. p. l'avanc. des Sciences, p. 3 et 729.
L. Coutil, *Inventaire des Monuments Mégalithiques du Calvados*, p. 9 à 12 (Extr. Annuaire cinq dép. Normandie, 1902).
F. Gidon, *Le Mégalithique du Calvados*, 1913.

TUMULUS DE LA BUTTE DU HU A CONDÉ-SUR-IFS (Galeron 1833).

(Canton de Bretteville-sur-Laize, arrondissement de Falaise).

Le tumulus de *la Butte du Hu* est connu depuis la fouille qu'en a faite Galeron en 1833 ; et le récit qu'il en a donné dans les Mémoires des Antiquaires de Normandie de 1835. C'est par erreur que

Fig. 20. — Tumulus de la Butte du Hu, à Condé-sur-Ifs (Calvados), côté Sud, fouillé par M. Galeron, en 1833.

M. Gidon a mentionné la fouille de la *Butte du Hu*, par Galeron en 1830 ; elle eut lieu en 1833 ; il a mentionné celle de Bellivet en 1847, alors qu'elle eut lieu en 1844 (1). La localité portait primitivement, et même encore en 1835, le nom de Condé-sur-Laison, à cause

(1) Gidon. — *Le Menhir bifurqué de Condé-sur-Ifs.* Mém. Académie, Caen 1907.

de la rivière qui passe dans le vallon, ce nom s'est transformé depuis en Condé-sur-Ifs; cette localité dépend du canton de Bretteville-sur-Laize, et de l'arrondissement de Falaise. Si on se place à environ 100 mètres à l'Ouest de l'église de Condé et que l'on s'adosse à la face Sud du menhir la *Pierre Cornue*, en prolongeant la perpendiculaire partant de cette face et se dirigeant au Sud vers l'église d'Ernes, on trouve à 1750 mètres de distance, le *tumulus de la Butte du Hu*, encore bien visible; et à 400 mètres plus loin au Sud, un léger relief du sol correspondant au tumulus fouillé en 1844, par Bellivet, à la limite de Condé-sur-Ifs et de Ernes. Nous avons tenu à accompagner cette descriptton des deux plans cadastraux: l'un correospndant à la feuille d'ensemble indique la place des deux tumulus avec les mentions bien distinctes : *tumulus Galeron*, et *tumulus Bellivet* (1).

La Butte du Hu (*Tumulus fouillé par Galeron en* 1833. — Le premier tumulus fouillé sur la commune de Condé a été exploré en 1833, par Galeron (2).

Ce tumulus a été souvent mentionné d'une manière intacte, d'abord parce que Galeron l'a décrit sur la commune de *Condé-sur-Laison*, alors que la commune porte actuellement le nom de Condé-sur-Ifs; ensuite, parce qu'en 1844, Bellivet a fouillé à 400 mètres de la Butte du Hu un autre tumulus, à peine visible aujourd'hui, et qui se trouve à la limite de Condé et de Ernes. Or, si on consulte le cadastre de Condé, on voit que la *Butte du Hu* fouillée par Galeron figure au lieu dit (*Section E la Ferme*, N°s 38 et 39); et que le second tumulus fouillé en 1844, par Bellivet, figure au cadastre de Condé, au lieu dit le Loup pendu, N° 24, tandis que sur le cadastre

(2) Nous espérons cette fois que M. Gidon ne trouvera pas le moyen d'ergoter sur les précisions du plan cadastral de Condé-sur-Ifs. Toutefois, nous profiterons de l'occasion pour lui prouver qu'il eut beaucoup mieux fait de ne pas parler de nos prétendues erreurs, car nous avions déjà mentionné le changement du nom des deux communes dans notre *Inventaire* de 1902; or, lui-même a commis cette même erreur en 1916, en voulant nous l'attribuer! En outre, ***il s'est trompé de*** 550 ***mètres, soit de la moitié en moins pour l'indication des distances entre le Menhir de la Pierre Cornue et le premier tumulus, la Butte du Hu de Galeron***. On peut se reporter à sa notice du Congrès préhistorique de Chambéry en 1908, et à celle des Mémoires de l'Académie de Caen en 1907, sur le *Menhir bifurqué de Condé-sur-Ifs*, et on verra qu'il place à chaque fois à 1200 mètres au lieu de 1600, le tumulus. De plus, il a fixé le tumulus de Bellivet à 1600 mètres de la Pierre Cornue, alors qu'il est réellement à 2150 mètres. Pour lui éviter de nouvelles digressions d'avocat de mauvaises causes, nous décrirons les deux tumulus sur Condé, le tumulus Bellivet étant à la limite de Condé et de Ernes; car, malgré les indications cadastrales de section et de numéro mentionnées dans notre *Inventaire des monuments megalithiques du Calvados* de 1902, il nous a fait dire des choses invraisemblables.

(2) F. Galeron. — *Description du tumulus de Conde-sur-Laison*. Mém. Soc. Antiq. Normandie, 1835, pp. 149 à 164.

de Ernes, la moitié de ce dernier tumulus fouillé par Bellivet figure sous le lieu dit (*Section E. N° 6, la Butte du Hu*) ; laquelle moitié de tumulus se trouve comme nous l'avons dit à 400 mètres de la vraie *Butte du Hu* ; nous croyons que c'est la cause principale de toutes les erreurs, parce que personne n'était allé consulter les plans cadastraux et les matrices cadastrales des deux communes, ni surtout étudier *sur place* le tumulus avec des personnes

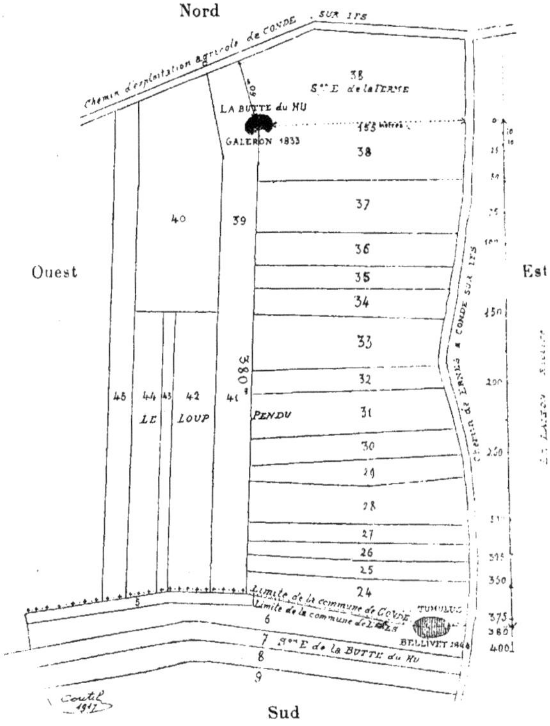

Fig. 21. — Plan cadastral de la commune de Condé-sur-Ifs et Ernes, indiquant l'emplacement des deux tumulus.

très âgées du pays : cette question a été encore plus embrouillée par les prétendues rectifications de M. Gidon. La feuille d'ensemble du cadastre de Condé-sur-Ifs que nous reproduisons (*Fig.* 21), ne permet plus de digressions oiseuses à ce sujet (1).

(1) Un ancien instituteur de la commune qui a exercé pendant 30 ans, qui de plus est propriétaire à côté du tumulus de la Butte du Hu, et nous avait renseigné sur le cadastre, a été tout surpris, en nous accompagnant sur le terrain de voir qu'il possédait la partie Ouest de cette butte du Hu, fouillée par Galeron.

Fouille. — M. Galeron paraît avoir été le premier à fouiller *la Butte du Hu*. En 1833, il y fit pratiquer quatre tranchées se coupant à angle droit. A l'Ouest, il rencontra des lits nombreux et réguliers

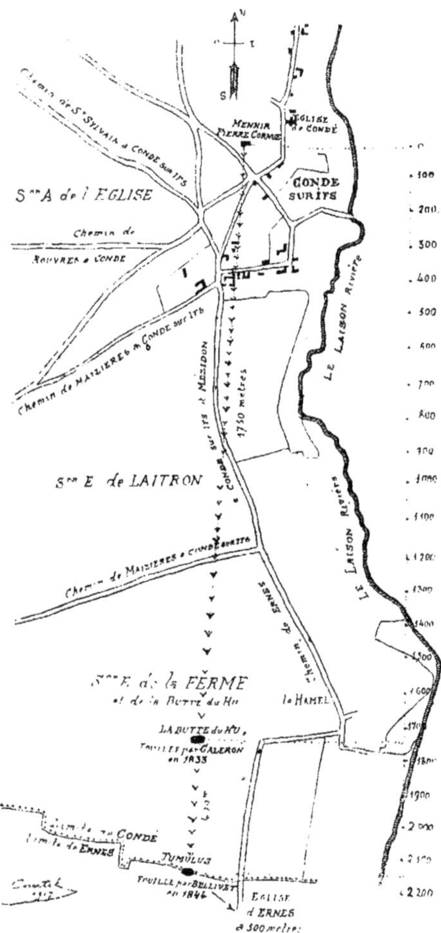

Fig. 22. — Plan d'ensemble de la commune de Condé-sur-Ifs, indiquant le menhir de la Pierre Cornue et les deux tumulus.

de moellons calcaires superposés avec soin et à sec, formant une masse de 5 mètres d'épaisseur jusqu'au centre, sur une élévation moyenne de 3m30 et plus, suivant qu'on s'avançait plus ou moins vers le sommet. Au Sud se trouvaient des moellons plus gros.

Avant d'arriver au niveau du sol se trouvait une très petite galerie souterraine, transversale, sorte de terrier allant du Nord-est au Nord-ouest, à laquelle on ne put trouver de destination. Deux roches en grès quartzeux se voyaient vers l'entrée du Nord-est, mais il y avait eu bouleversement et remaniement ; on y trouva des ossements épars de petits oiseaux et de quadrupèdes.

L'entrée du monument se trouvait à l'Est, elle était fermée par un bloc de grès quartzeux et des moellons en désordre. En arrière, une galerie se dirigeait vers le centre du monument ; quelques blocs l'obstruaient et un ouvrier seul pouvait y travailler. Cette chambre centrale avait pu ressembler à un four de boulanger, elle avait subi un affaissement qui avait amené la dépression du sommet du tumulus. De larges pierres plates de calcaire couvraient le sol ; elles avaient dû former la voûte. Lorsque tous ces déblais et ceux qui surmontaient la voûte furent enlevés, les ossements apparurent.

La seconde ouverture, située à l'Est, permettait d'accéder à cette chambre ; les parois, ainsi que la voûte et le couronnement étaient formés de moellons choisis, placés à sec, régulièrement les uns au-dessus des autres ; les eaux n'y avaient pas pénétré.

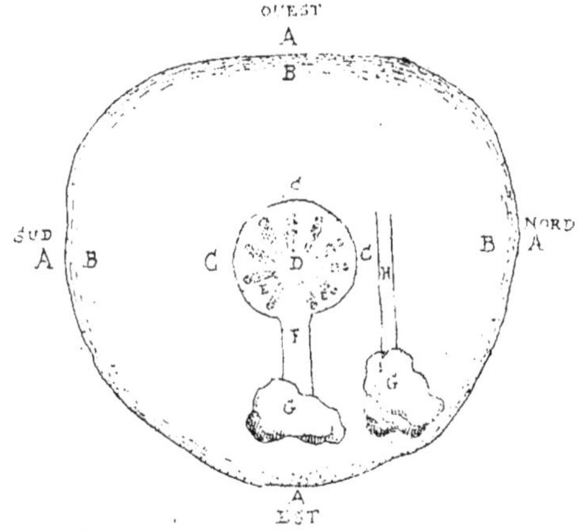

TUMULUS de la BUTTE du HU, à CONDÉ sur LAISON
Fouillé par GALERON *en 1833*.

Fig. 23.

Galerie. — La galerie qui y accédait avait 1m65 de hauteur sur 1 mètre de largeur ; le sol était garni d'un dallage de moellons plats taillés en forme de pavés. Les côtés formés à sec de moellons plats supportaient des roches plates en grès de Saint-Quentin de la Roche, formant le plafond de la galerie.

Les corps avaient été introduits dans la chambre par ce passage, qui avait sans doute été refermé à plusieurs reprises, au moyen de grosses pierres renversées et recouvertes de terre au niveau des autres parties du tumulus.

Sur le plan reproduit à la planche XXII de l'Atlas des Antiquaires de Normandie (publié en 1835, dessin et litho. de E. Lambert), que nous reproduisons (*Fig.* 23), on voit deux galeries ; l'une F, la véritable ; et une autre H, toutes deux aboutissant à un bloc de grès. Galeron n'a rien dit de cette seconde galerie : toutes deux étaient dirigées de l'Est vers l'Ouest, comme à Fontenay-le-Marmion.

Chambre. — On reconnut que les têtes touchaient les murs de la chambre, tandis que les jambes s'étendaient vers le centre : on trouva les ossements de dix corps placés à peu près à égale distance; mais à cause de l'éboulement, il était impossible de dire s'ils avaient été déposés horizontalement ou assis. Mais, de ce que les têtes gisaient généralement au milieu des vertèbres et des côtes, on peut supposer que les corps avaient été adossés aux pavés de la chambre, formant ainsi un cercle (1).

Au centre, entre les cadavres, se trouvaient les débris d'un vase en terre cuite, brune et bien polie ; le fond était entier, plat, et mesurait 0m21, les bords étaient évasés et peu élevés : ce vase était uni et d'une pâte plus fine que celui du tumulus de Fontenay-le-Marmion, lequel était plus élevé de forme et arrondi.

La chambre sépulcrale avait un pavage semblable à celui de la galerie et, au-dessous, le sol était formé d'un sable noir renfermant de la cendre et du charbon, son épaisseur était de 0m18 et s'étendait sous tout le tumulus.

Galeron croit que ce monument a pu avoir 80 à 85 mètres de circonférence (actuellement, il offre à peu près 65 mètres de diamètre) ; la hauteur primitive fixée par Galeron aurait été de 6m50, comme à Fontenay-le-Marmion ; mais il constate qu'au moment de ses fouilles, elle n'était plus que de 4m50 à 5 mètres sur une circonférence de 72m50. A l'Est et au Nord, les pierres n'étaient pas aussi régulièrement posées que sur les autres points, et, à une certaine profondeur, de ce côté, se trouvaient des os de quadrupèdes, parmi lesquels un métacarpien de sanglier et des os d'oiseaux, ainsi qu'un fragment de vase semblable à celui qui fut trouvé dans la chambre.

D'après les observations qui furent faites sur les ossements humains recueillis dans ce tumulus et déposés au Musée de la

(1) Cette même disposition a été observée par Bellivet dans le tumulus qu'il fouilla à [illegible] mètres plus au Sud, vers Ernes.

Société des Antiquaires de Normandie, à Caen (crâne et os longs) (1), ces ossements furent présentés à un anatomiste écossais, le Dr Roberton, qui put les comparer aux ossements de Fontenay-le-Marmion, il les attribua à des femmes et à des jeunes filles.

Tumulus fouillé par Bellivet en 1844 (complètemet nivelé). — Ce tumulus se trouvait à la limite des communes de Condé-sur-Ifs et

Fig. 24. — Menhir de la Pierre Cornue à Condé-sur-Ifs. (Hauteur 4m30) (le côté gauche correspond au Nord ; le côté droit au Sud ; ce côté a pu posséder une partie bifurquée, mais c'est une simple supposition.

de Ernes, à 500 mètres environ et au Nord de l'église de Ernes, à 2200 mètres de celle de Condé, également sur la rive droite du Laison, et à 400 mètres au Sud du tumulus précédent de la Butte du Hu. Ce second tumulus figure au cadastre de Condé (Section F, N° 24, lieu dit le Loup pendu, du cadastre de Condé-sur Ifs) pour moitié, — et pour l'autre moitié du territoire de Ernes (Section E, lieu dit la *Butte du Hu*, N° 6). Une partie de ce tumulus avait déjà été détruite vers 1820, et le sommet rasé.

(1) On ne sait ce que sont devenus ce crâne et les os longs : il n'existe plus qu'un seul crâne à ce Musée, sans étiquette ; il passe pour être celui de Fontenay-le-Marmion (fouilles de 1830) ; nous l'avons reproduit.

Bellivet le fouilla en 1844, pour la Socété des Antiquaires de Normandie. Il remarqua une roche en grès d'une dimension considérable, située au niveau du sol, à l'Est; il crut qu'elle indiquait l'entrée d'une galerie ; mais après l'avoir dégagée, il crut reconnaître qu'elle devait provenir de la toiture d'une galerie détruite ; la voûte de la chambre s'étant affaissée. Après avoir déblayé cet endroit, il reconnut l'enceinte à peu près circulaire et la galerie qui était dirigée vers l'Est. Les murs, comme ceux des tumulus de Condé-sur-Ifs et de Fontenay-le-Marmion, étaient formés de pierres plates calcaires, longues et posées à sec, assez régulièrement et solidement rangées.

La hauteur de la voûte devait être de trois mètres environ, et le diamètre de la chambre mortuaire de 4m60 (1).

En déblayant l'enceinte, il trouva, systématiquement rangés autour du mur, les ossements de onze squelettes dont les pieds se dirigeaient vers le centre; la partie inférieure des corps était régulièrement placée et allongée, mais les têtes se trouvaient toutes mêlées aux ossements ou renversées à côté. Cette circonstance prouvait, d'une manière certaine, que les morts avaient été déposés assis, appuyés contre les murs latéraux, et que l'éboulement de la voûte, seul, avait dérangé cette position, qui était la même pour tous. Ainsi qu'on l'avait observé dans les autres tumulus, *les ossements étaient petits et avaient appartenu à des femmes de petite taille, ou à des adolescents;* deux seulement étaient de taille ordinaire; la dentition était bien conservée.

Le propriétaire du terrain ayant exigé que les pierres fussent enlevées pour entretenir le chemin voisin et que le sol fut nivelé, on retrouve difficilement aujourd'hui l'emplacement, visible seulement par un léger relief de un mètre à 1m50 de hauteur.

BIBLIOGRAPHIE.

De Caumont. — *Cours d'antiq. monum. Ere Celtique*, p. 140.

Galeron. — *Description du tumulus de Condé-sur-Laison*, p. 15 (Bul. antiq. Norm., 1835, p. 149-164).

Bellivet. — *Rapport sur l'ouverture d'un tumulus dans la commune d'Ernes, arrondissement de Falaise* (Mém. soc. Antiq. Normandie, 2e sér., 14e vol. 1844, p. 312).

L. Coutil. — *Diction. paleoethnologique du Calvados*, 1894-1895, p. 48, 49.

L. Coutil. — *Inventaire des Monum. mégalith. du Calvados*, 1902, p. 30 à 32.

Dr Gidon. — *Rectifications aux statistiques et notices diverses de M. Coutil sur les tumulus néolithiques du Calvados* (Bul. antiq. Norman-

(1) Si ces mesures étaient bien exactes, elles concorderaient avec les chambres de Fontenay-le-Marmion.

die, T. XXXII, 1917, p. 11, 12, 13), où l'auteur ergote et nous attribue à tort l'indication de deux tumulus fouillés par Galeron, et deux autres par Bellivet; c'est de la mauvaise foi par trop évidente; de même, lorsqu'il ajoute quelques lignes plus loin, toujours à notre adresse. « En réalité, il n'existe pas un seul de nos mégalithes, ni de nos tumulus dont la découverte soit due à cet auteur. En particulier, tous sont déjà dans la statistique de de Mortillet, et les sources véritables sont beaucoup plus anciennes. » Or, l'*Inventaire des Monuments mégalithiques du Calvados* de notre ami, A. de Mortillet a paru la même année 1894, dans le Bulletin de l'Association française pour l'avancement des Sciences, *année 1894*, à la suite du Congrès de Caen, il contient 11 pages. Notre *Dictionnaire paleo-ethnologique du Calvados* (tirage à part) contient également toutes les indications sur les Monuments mégalithiques du Calvados, avec cinq planches en plus; il a paru la même année dans le *Bulletin de la Société normande d'études préhistoriques de 1894* (T. II) sous un autre titre : Résumé des *Recherches préhistoriques, département du Calvados*. Si nous reconnaissons que des indications très sommaires ont paru avant les nôtres, nous les avons mentionnées à la Bibliographie, et en plus, nous avons pris soin d'aller nous documenter sur place pour les compléter; nous avons ajouté à la fin des descriptions, les références bibliographiques, pour simplifier les recherches, ce qui n'avait jamais été fait précédemment : notre *Dictionnaire du Calvados de 1894* compte 81 pages et 6 lithographies, et notre *Inventaire des Monuments du Calvados*, 1902, 86 pages et 5 planches; nous regrettons d'être obligé de rappeler ces détails pour prouver la fausseté des insinuations de M. Gidon, *lequel nous a jadis réclamé nos travaux pour lui permettre de s'orienter et se documenter sans fatigues*.

Tumulus de Bellengreville et de Chicheboville. — Vers 1820, on voyait encore trois tumulus sur le territoire de cette commune, ils étaient semblables à celui de Fontenay-le-Marmion; ils furent exploités pour réparer des chemins. En 1837, leurs cavités sépulcrales furent nivelées; on découvrit alors de nombreux ossements humains associés à des haches en pierre, la plupart en silex; l'une d'elles mesurait 0m10 de long sur 0m04 de largeur au tranchant. Une herminette en roche verdâtre mesurait 0m04 de long sur 0m02 de large, elle ressemblait à celle de Fontenay-le-Marmion. Tous ces objets furent jadis conservés au Château de Chicheboville, appartenant à Mme de Mathan. Le *Dictionnaire archéologique de la Gaule* (p. 285) attribue ce tumulus au territoire de la commune voisine de Chicheboville.

L'emplacement d'un de ces tumulus fut jadis visible près du canal qui sépare le marais de Bellengreville de celui de Chicheboville; il mesurait environ 25 mètres de diamètre et les grosses pierres qui se trouvaient au centre formaient la toiture de la cavité sépulcrale, comme cela existait dans les tumulus de Fontenay et de Condé-sur-Ifs.

Après nous être informé pour obtenir des indications précises sur l'emplacement des autres tumulus, nous avons appris que vers

1865, il en existait encore un au bois Rocques, mais il fut détruit ; et que dans le voisinage, on avait découvert des sépultures entourées de pierres contenant des poteries *grossières*.

La commune de Bellengreville est distante de 11 kilomètres de celle de Fontenay-le-Marmion et seulement de 2 kilomètres de celle de Chicheboville, sur laquelle on a signalé d'autres tumulus fouillés à la même époque. La *Statistique monumentale du Calvados* et le *Bulletin des Antiquaires de Normandie*, qui ont signalé les fouilles et l'existence de ces monuments, n'ont pas suffisamment précisé, de sorte qu'il est impossible de connaître leur attribution sur l'une ou l'autre des communes de Bellengreville ou de Chicheboville. Le *Dictionnaire archéologique de la Gaule*, pour la commune de Bellengreville, signale deux tumulus et renvoie à celle de Chicheboville.

D'après M. de Caumont, en 1820, il existait quatre tumulus situés vers le Nord-ouest de la commune, au bord des marais de Chicheboville et de Bellengreville ; ils étaient formés de blocs calcaires ; au centre se trouvait un dolmen renfermant des ossements humains, et des haches en pierres polies. Ces tumulus furent fouillés vers 1837, et détruits pour empierrer les routes. (*Ces dernières indications de M. de Caumont, sur Chicheboville, paraissent être absolument les mêmes que celles qui précèdent pour la commune de Bellengreville*).

BIBLIOGRAPHIE

De Caumont. — *Cours d'antiquités monumentales. Ere celtique*, p. 137, 138.

De Caumont. — *Statistique monumentale du Calvados* (*Bul. Antiq. de Normandie*, 1866, T. IV, p. 571). — *Diction. archéol. de la Gaule*, 1875, p. 139, 285. Inventaire des Monuments mégalithiques, 1880, p. 16, 18.

L. Coutil. — *Dict. paleoethnol. Calvados*, 1894, 1895, p. 21, 22.

A. de Mortillet. — *Les Monum. mégalith Calvados*, 1894, 1895 (Assoc. franç. avanc. Sciences, 25e section, Caen 1894, p. 727, 728).

Tumulus de Conteville ou Secqueville. — Dans la même région, et à 2 kil. 500 de Chicheboville, à un kilomètre de Conteville, et à 2 kilomètres de Secqueville, entre ces trois localités, près du Val des Dunes, se trouvait sur une éminence un Tumulus formé de pierres, qui a été détruit. Auprès, à 0m50 de profondeur dans le sable, on trouva de nombreuses sépultures, dont quelques-unes étaient entourées de pierres ; auprès, on a recueilli des poteries grossières : mais comme on a trouvé à proximité un cimetière mérovingien, celles-ci sont peut-être de la même époque (1)? Un

(1) Voir les fouilles de Sausse, à la Hoguette, à Fontenay-le-Marmion.

autre cimetière mérovingien a été découvert non loin de là, vers 1810, près des fondations de la Chapelle Saint-Laurent. Le Tumulus et les sépultures ont été mentionnées par M. le curé de Cinthaux.

BIBLIOGRAPHIE.

E. CHATEL. — *Sur une découverte de squelettes sur le lieu de la bataille des Dunes* (Bul. Soc. Antiq. Normandie. T. IV, 1866, 7e année, p. 571).

Abbé NOEL. — Rapport sur deux *fouilles archéologiques exécutées par la Société des Antiquaires de Normandie* en 1868, au Val ès Dunes (Calvados). Bul. Soc. Antiq. Normandie, 1879. T. V, p. 167, et T. VIII. 1875-1877, p. 151-153.

L. COUTIL. — *Dict. paleoeth. Calvados*, p. 28.

L. COUTIL. — *Invent. monum. mégal. Calvados*, p. 34.

L. COUTIL. — *Etude sommaire des sépultures et des plaques franques du Calvados, de l'Orne et de la Manche*, 1911, p. 12, 13, 14.

La Butte de la Hoguette à Escoville. — Entre les communes d'Escoville, de Touffreville et de Cuverville la Grosse Tour, se trouve la Butte de la Hoguette, indiquée sur la carte sous le nom de Butte de la Hogue ; ce nom rappelle celui du Tumulus de Fontenay-le-Marmion, situé à 15 kilomètres au Sud-ouest.

La Hoguette, près de Falaise. — Galeron a observé, à peu de distance de cette commune, située à 2 kil. 500 au Sud-ouest de Falaise, une enceinte à peu près carrée, entourée de fossés, ayant environ 110 mètres de longueur, sur 60 mètres de largeur ; une motte arrondie s'élevait au Sud de l'enceinte ; cette motte n'a pas été fouillée, elle est probablement du moyen âge.

BIBLIOGRAPHIE.

DE CAUMONT. — *Statist. mon. Calvados.* T. II, p. 431. — *Diction. arch. Gaule*, T. II, p. 26.

L. COUTIL. — *Invent. mon. mégal. Calvados*, p. 22.

Autres Tumulus. — On a signalé d'autres tumulus, mais aucune indication suffisamment précise ne permet de les déterminer, ni même d'affirmer que ce sont de vrais tumulus construits de main d'homme.

Dans l'arrondissement de Caen et le canton d'Evrecy, dans un bois situé près du village des Trois-Marie, un tumulus aurait 150 mètres de circonférence à la base, avec fossés, ce qui laisserait croire que cette butte est du moyen âge (1).

(1) L. COUTIL. — *Diction. paléoeth. Calvados*, p. 31, — et *Invent. Monum. mégalith. Calvados*, p. 34.

Le Bulletin des Antiquaires de Normandie (7e année, 1866, T. IV, p. 638) a publié une notice anonyme sur un *tumulus* découvert à Condé-sur-Noireau (arrondissement de Vire); cette dissertation n'offre rien à retenir.

Dans le même arrondissement, mais dans le canton de Saint-Sever, on a signalé aussi des tumulus inexplorés sur la commune de Landelles et Coupigny, au village de la Quérulière (1).

Toujours dans le même arrondissement, mais dans le canton de Beny-Bocage, nous avons décrit, d'après les *Mémoires des Antiquaires de Normandie* (T. IV, p. 512), une découverte faite en 1867, d'une cavité voûtée et formée de blocs posés à sec, avec un peu de sable et des galets, qui ont été amenés du sol voisin par ravinement? La chambre formait un ovale orienté Est-ouest, elle était précédée, paraît-il, d'un couloir, comme à Condé, Ernes et Fontenay-le-Marmion: on a négligé de préciser le lieu dit, où elle se trouvait.

Costard a signalé un dolmen sous tumulus sur la commune du Tronquay (canton de Balleroy, arrond. de Bayeux); on peut se demander si on n'a pas confondu avec des pierres situées dans la commune de Saint-Pierre-du-Vernay, que G. Villers a décrites comme dolmen, en 1874 (G. Villers, *Bul. monumental*, 1874) (2).

Tumulus de l'Orne.

Il existe dans l'Orne plusieurs buttes ou reliefs du sol portant aussi le nom de Butte de la Hogue et Butte du Hou, que nous avons signalées dans notre *Inventaire des Monuments mégalithiques de l'Orne*.

La Butte des Houx de Sarceaux. — Sur la rive gauche de l'Orne, à 2 kilomètres de cette rivière, vers le Sud-est et à 150 mètres de l'église, dominant le marais de Baize, on voit une petite élévation de 50 mètres environ, sur 30 mètres du Nord au Sud, et 1m50 à 3 mètres dans la partie la plus élevée; elle porte le nom de Butte du Houx sur le cadastre, et aussi le nom de Butte aux Chiens, plus ordinairement. En décembre 1811, des fouilles furent faites dans cette butte; trois squelettes furent trouvés dans la partie centrale, à laquelle on accédait au moyen d'une galerie formée de blocs de

(1) F. Fédérique. — *Bul. Antiq. Normandie*, T. V, p. 253. — L. Coutil. *Dict. paléoethnologique du Calvados*, p. 69. — *Invent. mon. mégal. Calvados*.

(2) A. de Mortillet. — *Invent. mon. még. Calvados*, p. 10. — L. Coutil. *Dict. paleoeth. Calvados*, p. 4. *Inventaire mon. mégal. Calvados*, p. 35.

granit; deux squelettes appartenaient à des adultes, le troisième était celui d'un enfant; sous chaque tête se trouvait un gros silex, et aux côtés du squelette, sept marteaux-haches mesurant 0m06, 0m07, 0m10, et le plus grand 0m24; deux haches polies, l'une de 0m10 et 0m05 au tranchant mousse et arqué, elle était plate et mince; l'autre en diorite verte mesurait 0m078 de long, sur 0m039 au tranchant, et son épaisseur 0m015; la plus longue très aplatie était de 0m30; des pointes de flèches en silex, et des couteaux, etc.; les objets ont appartenu à M. H. Bailleul, ancien maire de Sarceaux.

Tumulus des Hogues, à Moulins-sur-Orne. — A 1500 mètres d'Argentan, à 8 kilomètres de la Courbe, dans une prairie, à 200 mètres de la route d'Argentan au Goulet, à 60 mètres de la rive droite de l'Orne, à proximité des hameaux de Cuigny et de Brûle-Piquet et près de cette ferme, se trouve un tumulus de forme allongée qui porte le nom de *Butte des Hogues;* elle est formée de petites pierres plates, ainsi que le Tumulus de Fontenay-le-Marmion. Elle est plus allongée au Sud qu'au Nord. Il ne reste plus que le côté Sud, il mesure 3 mètres de haut. Vers 1840, en y enlevant des matériaux de construction, on a trouvé au centre un marteau-hache de 0m05 de longueur, des pointes de flèches en silex et des *haches à douille en bronze, des monnaies gauloises,* des ossements humains et des charbons. Une allée double de blocs posés à sec semblait se diriger vers le centre; il y avait également une chambre.

Quant à la butte ou tumulus, située devant l'église de la Courbe, on y a pratiqué des fouilles en 1835, dont on voit les traces; on y aurait trouvé des armes en fer; ce qui aurait déçu les fouilleurs qui ne poursuivirent pas la fouille jusqu'au sol naturel.

Dans la forêt de Gouffern, à un kilomètre de la Butte de la Hogue de Moulins-sur-Orne, se trouve la *Pierre levée* ou *Pierre de la Hogue,* menhir situé au bord de la forêt, entre Exmes et le Bourg Saint-Léonard, au lieu dit la Manière.

Dans le département de l'Eure, des localités portent aussi le même nom. Nous citerons la commune des Hogues, dans la forêt de Lyons, et la ferme des Hoguettes sur la Haye-Malherbe.

Dans la Seine-Inférieure, sur la commune de Saint-Léonard, près Fécamp, le bois des Hogues présente des buttes et des fosses dont certaines ont près de 20 mètres de profondeur; leur nom de *faisières* permet de supposer qu'on y a cherché du minerai de fer. En cherchant, on trouverait, sans doute, d'autres noms semblables.

Les Ossements humains de Fontenay-le-Marmion.

I. — FOUILLES DE 1909.

Les Ossements, recueillis en 1909 par M. L. Coutil, au cours de sa première fouille et qui ont été donnés alors au Muséum d'Histoire Naturelle, se trouvent actuellement au Laboratoire d'Anthropologie du Pr Verneau, qui a eu l'extrême amabilité de les mettre en 1918 à notre disposition pour les étudier.

Le lot, qui nous a été soumis, ne comprend plus désormais (1) que les pièces suivantes :

1° Les deux *Crânes*, déjà connus ;

2° Des Os courts, relatifs à des Vertèbres ;

3° Un os plat, Omoplate ;

4° Quelques *os longs*, très bien conservés [1 Fémur, 2 Humérus, 1 Radius et un Cubitus].

***

I. — Les Cranes.

Nous avons mesuré avec soin les deux Crânes, que nous désignons ainsi :

N° A. Crâne, dont ni la base ni la *Face* n'existent plus [simple *Voûte*].

N° B. Crâne, avec *face* presque intacte et dont le *maxillaire inférieur* persiste.

Sur le Sujet N° A, forcément, toutes les mesures, qui ont pour point de départ un point de la face ou de la base du crâne, n'ont pu être prises ; d'où les lacunes du Tableau suivant.

C'est pourtant ce crâne là qui est *le plus intéressant*, et de beaucoup, comme on le verra.

Malheureusement la *Société Préhistorique Française* ne possède le Moulage que du Crâne N° B et de son maxillaire inférieur.

Les photographies, *réduites* (*Fig.* 1 et 2), donnent des *Indices* trop petits.

(1) Les autres débris osseux ont été *detruits*.

CRANES TROUVÉS EN 1909, PAR L. COUTIL,
DANS LE TUMULUS DE FONTENAY-LE-MARMION (CALVADOS).
(*Muséum d'Histoire naturelle de Paris*).

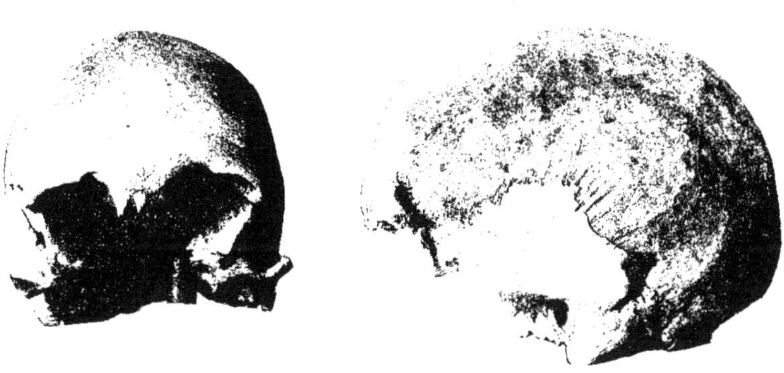

Fig. 1. — Crâne A, réduit à une simple voûte (Photographie L. COUTIL).
Vue de face (*Norma anterior*) et de profil (*Norma lateralis* gauche).
Echelle : 1/3 grandeur environ.

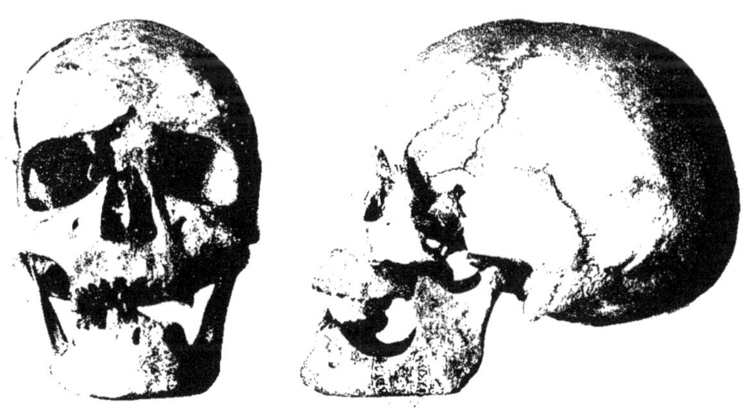

Fig. 2. — Crâne B. — Face et Maxillaire inférieure (Photographie L. COUTIL).
Norma anterior et *Norma lateralis* gauche.
Echelle : 1/3 grandeur environ.

Mensurations des Cranes.

				N° A [sans Face]	N° B [avec Face]
Diamètres :	1. *Antéro- postérieur.*	maximum		183	175
	2. *Transversal.*	Ensemble	maximum.	132	134
			bi-mastoïdien.	123	115
		Frontal	maximum.	113	100
			minimum.	95	90
	3. *Hauteur.* Basilo-bregmatique			»	134
Courbes : A) Antéro-postérieures.	*a*) spéciales	sous-cérébrale		20	20
		frontale cérébrale		110	105
		pariétale		130	125
		occipitale	supérieure	55	60
			inférieure	»	60
	b) totale			»	370

Les Cranes trouvés en 1909.

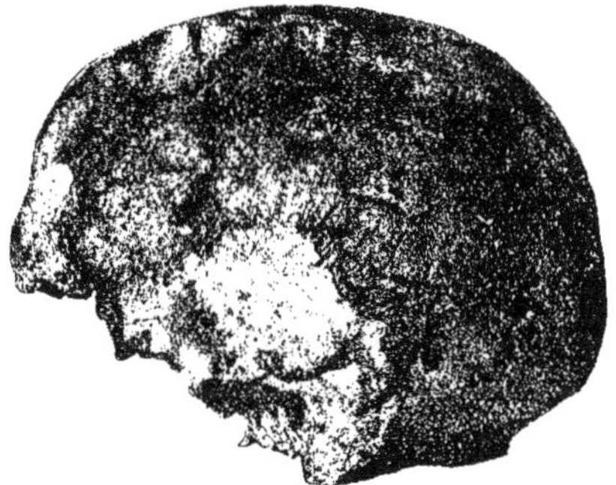

Fig. 1. — Crane A, réduit à une simple *Voûte* [Photogr. L. Coutil]. Vue de Face [*Norma anterior*] et de Profil [*Norma naturalis* gauche]. *Echelle* : 1/3 Grandeur environ.

		N° A	N° B
B) Transversale maximum		»	455
C) Horizontales.	totale	»	510
	pré-auriculaire	»	220
	sus-auriculaire	»	270
Trou Occipital [Brisure *rituelle* sur les deux Crânes].	Longueur	»	»
	Largeur	»	»
Cavité Orbitaire (Côté droit).	Largeur	»	35
	Hauteur	»	27
	Profondeur	»	45
Nez.	Largeur	»	29
	Hauteur	»	»
Voûte palatine.	Largeur	»	32
	Longueur	»	50
Dimensions générales de la Face.	Bi-orbitaire externe	»	100
	Inter-orbitaire	»	20
	Bizygomatique maximum	»	120
	Bijugale	»	65
	Intermaxillaire	»	20
	Naso-alvéolaire	»	20
	Totale	»	120

Indices principaux	*Indice Céphalique*	72,13	76,57 (1)
	Indice Hauteur-longueur	»	76,57
	Indice Orbitaire	»	77,12

Le Crane N° A. — Le Crâne A (2) (*Fig.* 1) correspond à un *Adulte*, car les sutures sont presque toutes soudées plus ou moins.

On ne distingue presque plus les sutures pariéto-frontales en haut et la suture sagittale est presque invisible au niveau du « Grattage ».

Les sutures occipitales sont plus nettes ; mais la soudure est déjà commencée. — Il doit s'agir d'une Femme, car les faibles saillies d'insertion musculaire n'indiquent guère le sexe masculin.

L'occiput forme un *chignon* très accentué. La *Déformation* fronto-pariétale existe ; mais elle est très peu marquée.

La pièce a une patine semblable à celle des autres Ossuaires

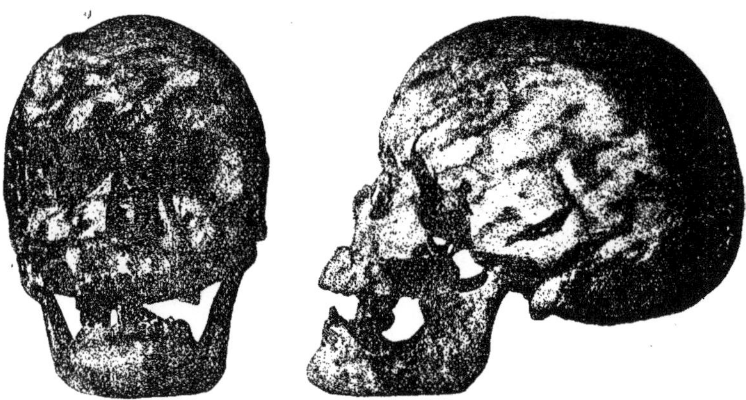

Fig. 2. — Crane B. — Face et Maxillaire Inférieur [Photogr. L. Coutil]. *Norma anterior* et *Norma lateralis* gauche. *Echelle* : 1/3 Grandeur environ.

néolithiques (Bassin de Paris (3); Vendée ; etc.). — Il s'agit d'un *Dolicocéphale pur* (72, 13), *de petite taille* (4).

(1) Ces deux crânes ont été publiés, en 1909, par M. L. Coutil, sous forme de photographies, vues de face et de profil (*Fig.* 1 et 2).

Il est remarquable de constater que le Calcul des Indices sur ces deux documents ne correspond pas exactement à nos résultats.

(2) Ce crâne, au Laboratoire d'Anthropologie du Muséum, porte le N° 17719 (1909, 31).

(3) Marcel Baudouin. — *La Sépulture Néolithique de Belleville, à Vendrest* (*S.-et-M.*). — Paris, 1911, in-8°.

(4) La *taille* n'est indiquée que par la *petitesse* des diamètres et des courbes, toute proportion gardée.

Actions humaines. — A) Post mortem. — *a*) *Brisure rituelle.* — *Toute la base du Crâne manque.* — On l'a brisée, avec intention, comme à Vendrest et à Bazoges-en-Pareds, ainsi que le prouve la constatation qui suit.

a) *Trépanation interne.* — En effet, chose des plus intéressantes, ce crâne a été *trépané* au *silex* par l'intérieur de la cavité, au niveau de la base pariétale droite, où se voit un trou, ayant à l'extérieur 0^{m}012 de diamètre. On pourrait croire que ce trou est *accidentel* et dû à un coup porté sur l'os par le crochet d'un fouilleur. Il n'en est rien, en réalité.

En effet, si on examine l'*intérieur* du crâne, on constate l'existence d'une *attaque de l'os*, en forme de *Cuvette*, à bords évasés et obliques, dont le diamètre atteint 0^{m}022 et dont les surfaces d'attaque osseuse ont la *même Patine que la face interne du Pariétal.*

Il ne peut s'agir là d'un *éclatement* de la table interne, par suite d'un *coup* moderne sur l'externe, en raison de la patine d'abord et de la constitution même des bords de la perte de substance, attaqué à l'emporte-pièce.

C'est ce que j'ai appelé, à Vendrest, la *Perforation interne*, après *Brisure* de la base du Crâne (1). — Ce qui rapproche cette pièce du fameux Crâne du Musée de Neufchâtel [Crâne en forme de Coupe].

B) Sur le Vivant. — *Grattage syncipital.* — Sur ce crâne, on remarque en outre une lésion, tout à fait comparable à celles qui ont été découvertes dans l'Ossuaire de Vendrest.

Il s'agit de traces d'un Grattage, exécuté sur le Vivant et *cicatrisé*, au niveau du *Vertex* même et sur la ligne sagittale.

On a creusé là, par grattage au silex, une sorte de Dépression, *ovalaire*, à grand axe antéro-postérieur, mesurant 0^{m}035 de longueur et 0^{m}025 de largeur au maximum, et n'ayant que 0^{m}002 de profondeur au centre.

On s'aperçoit plus facilement au *palper* qu'à la *vue* de l'existence de cette concavité superficielle. Pour s'en rendre bien compte, il faut passer transversalement, sur le crâne, à son niveau, la pulpe d'un doigt, en fermant les yeux. C'est là la meilleure façon d'apprécier sa profondeur et d'en bien délimiter les contours, un peu boursouflés par suite de l'Ostéite périphérique, et un peu irréguliers. Le Travail humain apparaît surtout *indiscutable*, quand on examine le crâne, vue de face, du côté du frontal.

Il est bien certain qu'il faut un œil exercé pour reconnaître de tels faits ; mais leur vérification matérielle est à la portée de tous, une fois le diagnostic fait par un spécialiste.

(1) Cette *Perforation interne, dite de Brisure*, a été décrite par moi dans le mémoire consacré à l'Ossuaire de Bazoges [Cf. 2e *partie*, p. 48 et p. 146].

C'est là une variété du T Syncipital de Manouvrier, situé à 0m045 en avant du lambda; mais il n'y a ici qu'un *Grattage*, *ovalaire*, exactement *sur le Synciput*, et non pas des traits rectilignes allongés, comme ailleurs. — Cette pièce de Fontenay-le Marmion est donc intermédiaire à celles de Vendrest, reproduites Planche XVI (N° 2) et Planche XII (N° 1). — Elle est presque comparable, quoique la lésion soit moins accusée (c'est-à-dire quoique le Grattage ait été moins intense et soit un peu plus *postérieur*) à cette dernière figure (Pl. XII, N° 1), puisqu'elle est plus rapprochée du lambda.

Crane N° B. — L'aspect de ce crâne(1) (*Fig.* 2) est un peu spécial. Il frappe par son air *vieillot*, en raison, d'une part, des lésions manifestes de son maxillaire inférieur, qui est atteint de *Polyarthrite alvéolaire*; et parce que, en même temps, on constate qu'aucune soudure crânienne *n'a commencé à s'oblitérer* : ce qui est certainement un peu *anormal*, vu l'âge du sujet. — Il y a un léger degré de *prognathisme* au maxillaire supérieur.

L'âge est surtout fourni par les deux dents, qui seules persistent au maxillaire supérieur des côtés gauche et droit et dont l'Usure est très considérable.

Il s'agit de la première grosse molaire, dont les quatre cuspides sont remplacées par des cuvettes, très profondes en dedans, surtout du côté droit. — Sujet masculin probable, devant avoir au moins 40 à 50 ans.

De plus, les os ne semblent pas patinés comme d'ordinaire et on dirait qu'il s'agit d'un Crâne assez récent. — Pourtant, la substance osseuse semble assez dure, malgré l'âge.

Ce spécimen nous a fait songer de suite à certains crânes de *Dégénérés*, dont nous avons vu de nombreux exemples, lors d'autopsies pratiquées dans les Hôpitaux d'Enfants, pendant notre Internat à Paris. Mais, cependant, il ne présente aucune anomalie véritable.

La *Déformation* frontale est très marquée et très appréciable au palper, surtout en avant des pariétaux.

L'Indice *céphalique* est de 76,57 [*Sous-Dolicocéphale*].

Pathologie. — A la mandibule, toutes les grosses molaires étaient au décès tombées depuis longtemps, sauf M^1, dont l'alvéole est encore *intacte*, M^2 devait venir de tomber un peu avant la mort, car il y a encore trace du fond de son alvéole.

La lésion dentaire, classique du Néolithique, est donc là certaine [*Polyarthrite alvéolaire rhumatismale*].

(1) Ce Crâne est catalogué au Muséum sous le N° 17718 (1909, 31). — Je n'y insiste pas trop longuement ici, parce que la *Société Préhistorique Française* possède un superbe Moulage de cette pièce, offert par M. L. Coutil en 1917.

Cranes anciennement connus. — Actuellement, on connaît, en outre, deux crânes de la Hogue de Fontenay-le-Marmion, qui sont Caen (*Fig.* 3 et 4).

Musée de Caen (1830).		Largeur	Longueur	*Indices Céphaliques.*
1° *Crâne sans maxillaire inf.* (*Fig.* 3-4).				
[Adulte, très âgé] (C).	Sausse	140	186	75,27
	Nobis	140	185	75,68
2° Crâne avec maxillaire inf. (*Fig.* 5).				
(*Femme* probable (D), d'après Sausse).				
	Sausse	145	187	77,54
	Nobis	145	185 (1)	78,37
Cf. Muséum de Paris (1909) :				
Crâne (B), trouvé en 1909 par M. L. Coutil (2).				
Moulage *S. P. F.* [Crâne B (*Fig.* 2)].	*Nobis*	134	175	76,57
Homme âgé [M¹ usé] (3).				

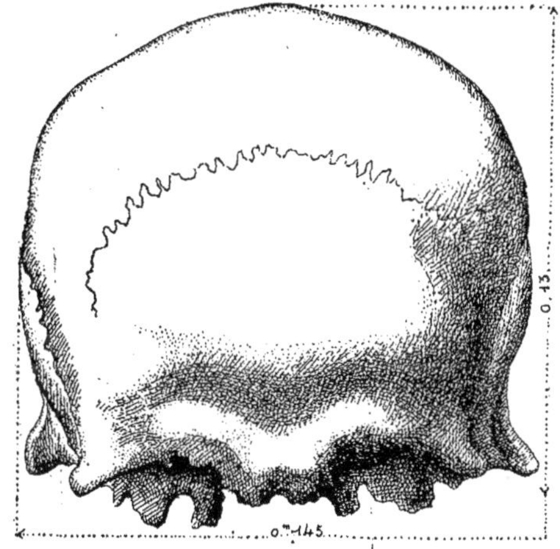

Fig. 3. — Voute cranienne (N° C), du Musée des Antiquaires de Normandie. [Cf. *Fig.* 4]. — Vue de Face [*Norma anterior*]. *Echelle* : 1/2 Grandeur environ.

(1) Crâne un peu *négroïde*. — *Déformation* Néolithique type.

(2) Maxillaire inférieur atteint de *Polyarthrite alvéolo-dentaire*.

(3) Les photographies des Crânes [celles de 1909] (*Fig.* 1 et 2) donnent des indices *faux*, et trop faibles, parce que la Photographie déforme toujours et *rappetisse* les largeurs, au détriment des longueurs, ou inversement [Voilà ce qu'on ne sait pas ou ne dit pas]. — Il ne faut donc pas prendre les *Indices* [à moins d'opérer mathématiquement, comme *Bertillon*] sur des Photographies de profil et de face, parce que la *mise au point* a changé les distances des objets à l'objectif, suivant qu'on prend une longueur (Profil), ou une largeur (Face).

Ces deux Crânes de Caen, trouvés en 1830, ont été très bien décrits par G. Sausse; nous renvoyons aux mensurations fournies en 1896 par cet auteur. — Nous ne donnons ici que ce qui a trait

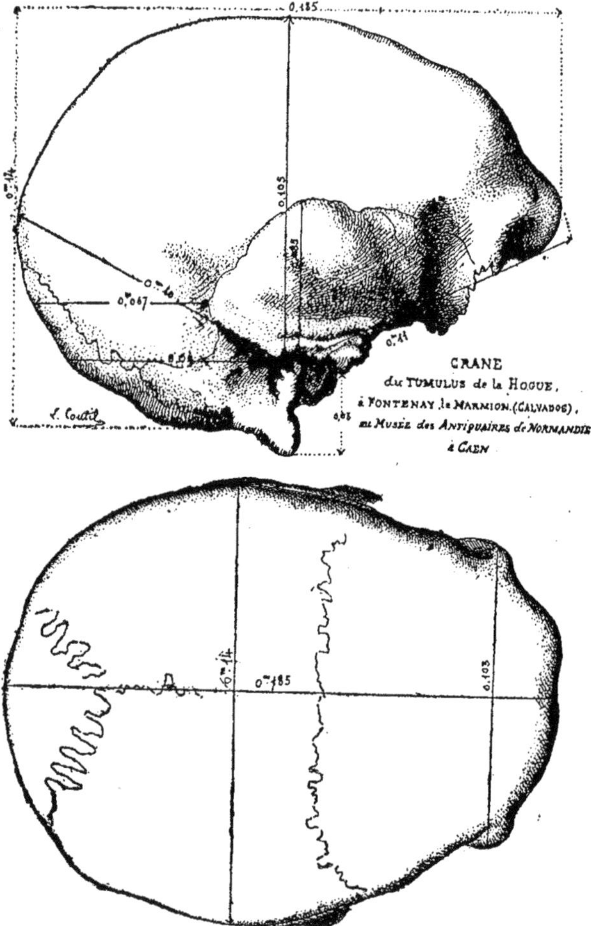

Fig. 4. — Voute cranienne du Musée de Caen. — *Crâne N° C.*
Vue de Profil [*Norma lateralis* droite] et Vue d'en haut [*Norma superior*].
Echelle : 1/2 Grandeur *environ*.

aux Indices céphaliques, en les comparant à nos mensurations (1) personnelles, effectuées sur des dessins (2) de M. Coutil.

(1) On notera que les différences de mensurations ne portent que sur la longueur et qu'elles peuvent atteindre en plus ou en moins 0m002; cela tient à ce que la *Glabelle* est un repère peu sûr.

(2) Les *dessins*, **sur ce point, renseignent mieux que les photographies, quand ils sont exacts !**

Il résulte de ces données que ces deux crânes sont aussi sous-dolicocéphales, avec une moyenne de 75 à 78.

On remarquera que pas un seul n'est vraiment *Dolicocéphale* vrai (72,00 à 75,00).

Par conséquent, il s'agit là d'une Race non primitive, un peu plus évoluée vers le raccourcissement du crâne que les mêmes sujets de

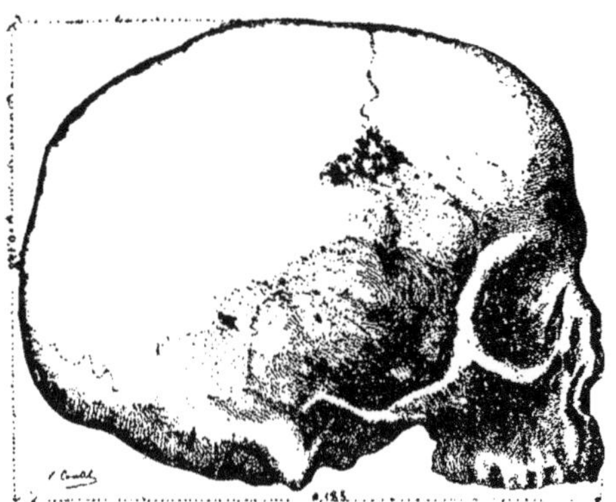

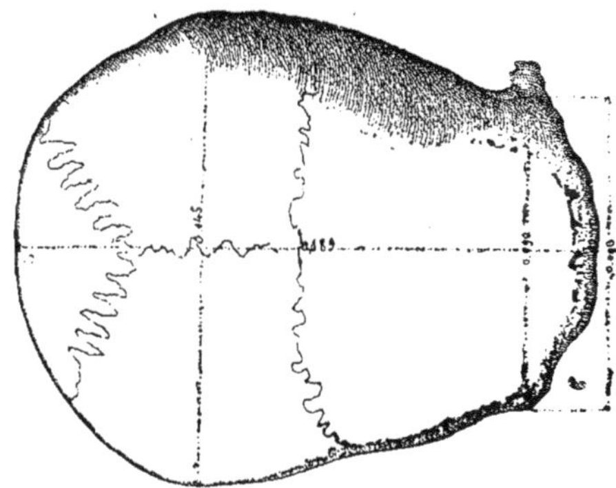

Fig. 5. — Crâne N° D. — *Moulage du Musée de Caen* (1). — *Norma lateralis* droite et *Norma superior*.
Echelle : 1/3 Grandeur.

Bazoges-en-Pareds (Vendée), sans doute par un métissage avec des Brachycéphales néolithiques, dont on n'a pas trouvé, pourtant, de Crânes ici.

(1) *L'original* n'existe plus au Muséum ou y est actuellement introuvable. — On n'a pas pu nous le représenter en 1918.

A Vendrest (S.-et-M.), au contraire, où il y avait des Dolicocéphales vrais (70 à 74), on a trouvé de vrais *Brachycéphales*. Or Vendrest est encore plus ancien que Bazoges-en-Pareds.

D'ailleurs certains ossements, trouvés en 1917 et décrits ci-dessous, indiquent des sujets de grande taille, qui, probablement, étaient les Brachycéphales en question.

II. — Os courts.

1° Atlas. — Il existe un seul Atlas, très bien conservé et absolument *intact*.

En voici les mensurations :

I. Poids			9 gr.	(Indique le
II. Vertèbre entière [D. max.]	Diamètre ant. post.		49	sexe masculin).
	— transv.		71	—
	— biglénoïdien		42	—
III. Trou vertébral	Diamètre ant. post.		31	—
	— transv.		26	—
IV. Largeur des Masses latérales		71 — 26 =	45	—

L'Indice des Masses latérales est *par suite* de $45 \times 100 : 71 = 63{,}68$. Cet indice indique indiscutablement le sexe *masculin*.

2° Axis. — Il existe deux os Axis (N° 1 et 2), tout à fait particuliers. Voici leurs dimensions :

OS	POIDS	I. VERT. ENTIÈRE			II. CORPS VERTÉBRAL			III. Trou Vertébral (Orifice supérieur)		DIFFÉRENCE	IV. OBSERVATIONS
		D. ant. post.	D. trans.	Haut.	D. a. p.	D. trans.	Haut.	D. a. p.	D. trans.		
N° I.	9 gr.	44	53	35	15	18	22	18	22	4	Un peu écornée, à droite.
N° II.	8 gr.5 (1)	48	56	36	16	20	22	21	25	4	*Malade* : *Soudure* à la 3° Vert. Cerv.

Pathologie. — Sur le N° II, il y a Soudure intime de l'Axis avec la *3e Cervicale*. Elle est très nette, au niveau du corps de l'axis du côté gauche et en arrière; mais elle n'est pas complète en avant et à droite. La *lame* droite est totalement soudée; mais la gauche est complètement fusionnée avec la lame de la 3e Vertèbre cervicale.

Il est probable qu'il y a eu là une Fracture de la Lame gauche *de la 3e Cervicale*, ayant déterminé une *Ostéite*. En tout cas, cette lame est très atrophiée, puisqu'elle n'a que 0m005 de hauteur, au

(1) Obtenu par le *Calcul*, à cause de la soudure avec la 3e Cervicale.

lieu de 0^m^010 et puisqu'il y a une sorte de *discordance* entre les deux pointes de l'apophyse épineuse. Celle de gauche est *soudée* en effet à l'axis, tandis que celle de droite en est *éloignée* de 0^m^010.

Je crois donc à une *Ostéo-arthrite ankylosante*, en l'espèce plutôt *traumatique* (fracture) que *rhumatismale*.

Sexe. — Les poids de ces os indiquent qu'il s'agit de deux *Hommes* ; et la *fracture* du N° II plaide en ce sens.

La *différence des deux diamètres du Trou Rachidien* indique aussi des os appartenant au sexe masculin, mais spécifie une petite taille.

Cette méthode, que j'ai imaginée récemment, est assez sûre. En effet, quand la différence est inférieure à 4 (3 à 2), il s'agit presque toujours du sexe féminin, le masculin donnant de 4 à 6, comme on peut le voir dans mon étude sur les Axis de Bazoges-en-Pareds (1).

3° Vertèbres en général. — L'Axis et l'Atlas du sujet N° I sont accompagnés de *cinq* autres vertèbres cervicales, en file anatomique, qui doivent leur correspondre.

Le poids moyen de ces vertèbres est de 7 grammes. — La 7e cervicale seule atteint 9 grammes.

J'ai noté quatre vertèbres *dorsales*, dont trois supérieures et une inférieure; et deux vertèbres *lombaires* moyennes.

Ces os ne méritent aucune réflexion particulière.

4° Omoplate. — Cet os est entier et du côté *droit*; il est très léger et petit, comme les suivants. — Son poids est de 37 grammes.

Longueur maximum : 0^m^160; largeur maximum, 0^m^090. Cavité glénoïde : 0^m^030 × 0^m^025.

Fosse sous-épineuse *très profonde*; flèche de courbure de 0^m^012, pour une longueur de 0^m^080 et une hauteur de 0^m^110. — Impressions musculaires notables.

III. — Os longs.

Humérus. — Il y a *deux Humérus* : un de femme *adulte* (N° 1); et l'autre d'adolescent (N° 2).

Voici leurs dimensions :

	N° 1 [*Adulte*].	N° 2 [*Jeune*].
Côté	*Gauche*.	*Droit*.
Poids	82 gr.	67 gr.
Longueur maximum	270^mm^	265^mm^
Diamètre au 1/3 moyen	20	18
Circonférence minimum (corps) 1/3 infér.	55	52

(1) M. Baudouin. — *Bull. et Mém. Soc. Anthrop. de Paris*, 1915, 7 janvier, p. 25.

Diamètre de la Tête	27	30
Diamètre transversal de l'Epiphyse infér.	55	50
Cavité olécrânienne	*Pas de perf.*	*Perforation* très nette, ovalaire, ayant 6mm × 5mm

La TAILLE, correspondant au sujet N° 1, supposé être une FEMME, serait de 1m45. Ce qui est évidemment un chiffre très faible. — La *taille* du N° 2 n'atteindrait même que 1m42 !

D'ailleurs, sur le N° 2, il est aisé de constater que l'épiphyse supérieure *n'est pas totalement soudée* à la diaphyse, sauf au niveau de la tête humérale. Ce sujet (jeune *fille* probable) avait donc à peine 21 ans. L'épiphyse inférieure, qui se soude à 17 ans, n'est pas distincte, en effet.

Ces deux os sont très grêles, très minces, et à insertions musculaires très faibles. — Indiscutablement, ils appartiennent au sexe *féminin.*

Pathologie. — Il semblerait que l'os N° 2, à perforation très nette, ait été, non pas atteint d'*Ostéite* à la partie supérieure de son bord interne, mais *attaqué en gouttière au Silex,* après Décarnisation. On y voit, en effet, une petite *perte de substance,* qui est PATINÉE. Il est toutefois difficile de dire s'il n'a pas eu là un petit *foyer inflammatoire,* car on n'aperçoit aucune strie de silex, sauf au niveau du corps de l'os.

Sur l'os N° 1 (adulte), il y a une *Saillie* osseuse assez forte, au niveau de la pointe de l'insertion du Deltoïde, sans grand intérêt, mais un peu inaccoutumée chez les femmes.

RADIUS. — Il s'agit d'un Radius *Droit,* extrêmement grêle, de *Femme* sans doute.

Voici ses dimensions principales.

Longueur maximum	208mm
Diamètre de la Cupule	20
Circonférence minimum	35
Largeur de l'Epiphyse inférieure	30
Poids	29 gr.

La TAILLE indiquée par ces dimensions correspond à 1m50 environ. — Cela indique donc encore une très petite taille.

CUBITUS. — Le Cubitus est aussi du côté *droit.* Il est également très grêle et doit correspondre à une Femme.

Voici ses dimensions :

	Longueur maximum	220mm
Epiphyse supérieure	Largeur maximum	22
	Ouverture de la cavité coronoïde	18
	Epiphyse inférieure (Diamètre)	15
	Poids	32 gr.

Cet os indique une TAILLE de 1^m50. — Je pense qu'il correspond d'ailleurs au même sujet que le Radius, qui ne donne que 1^m51.

Ces os sont *Adultes*, mais très grêles, solides et résistants. — Ils sont typiques au sexe féminin et d'une *très petite race*.

FÉMUR. — Il s'agit d'un os du côté DROIT.

Son *Poids* est de 157 grammes.

Il ne peut s'agir que d'un ossement de FEMME, vu sa *gracilité* et son poids.

En voici les dimensions principales.

Longueur	Maximum	385mm
	En position	380
Diamètre au 1/3 supér. (*sous-trochantérien*)	Antéro-postérieur	30
	Transversal	18
Diamètre au 1/3 moyen	Antéro-postérieur	23
	Transversal	21
Circonférence minimum		70
Tête : Diamètre		40
Hauteur de la flèche de *concavité* (maximum)		16/270 = 17,00
Inclinaison du Corps		40°
Inclinaison du Col		134°.

L'*Indice de Platymérie* n'est que de : $18 \times 100 : 30 = 60,00$.

Il est donc notable !

La TAILLE, calculée sur la longueur maximum à dessein, donne 1^m48 seulement : ce qui indique *une très petite race* !

La courbure est assez forte : 50 °/₀ environ.

Caractères de conservation. — Le condyle *externe* est à moitié détruit. Le *Grand Trochanter* (1) a disparu ; il ne s'agit là que de lésions de sépulture.

Actions humaines. — Nulles sur cet os.

Brisures rituelles. — Ce fémur ne semble pas avoir été brisé intentionnellement ; la cassure centrale est une fracture de fouille.

Cet os ne paraît pas correspondre aux os qui précèdent.

REMARQUES. — Les Ossements, trouvés en 1909, correspondent donc à une *Race Dolicocéphale*, de taille *très petite*, voire même très faible, mais tout à fait comparable à celle de l'Ossuaire Néolithique des Cous, à Bazoges-en-Pareds (Vendée).

Il n'y a pas là l'ombre de *Brachycéphales*, de taille moyenne ou grande, car ces ossements ne ressemblent en rien aux grands os, trouvés en 1917, comme on va le voir.

(1) *Pas de 3e Trochanter* et pas de Fosse hypotrochantérienne, comme à Bazoges-en-Pareds.

Les divers débris recueillis alors ne se correspondent guère, puisqu'on reconnaît parmi eux les restes d'une *Femme* adulte [Crâne et Os longs], de deux *Hommes* adultes [un Crâne et deux *Vertèbres* axis], et d'une *Adolescente* (jeune fille de 21 ans) (Humérus), au moins.

La *Taille* varie de 1m45 à 1m51. Ce qui indique, très nettement, une Petite Race (1), fine et très évoluée.

Les Crânes de 1909 sont manifestement *Dolicocéphales*, avec les deux Indices de 72,13 et 76,57 (2).

Il faut insister, en outre, sur les *Actions humaines* exécutées sur l'un de ces Crânes, soit à l'état vivant [*Grattage syncipital*], soit après la mort [*Brisures rituelles* ; *Trépanation interne*], car ces faits sont rares jusqu'à présent pour la Normandie.

II. — FOUILLES DE 1917.

Ossements découverts [*Collections de la S. P. F.*].

Les Ossements, recueillis, en 1917, à Fontaine-le-Marmion et déposés par M. L. Coutil au Musée de la *S. P. F.*, sont de deux sortes :

1° Os d'Animaux.

2° Os Humains.

I. Les Os d'Animaux comprennent :

1° Un *Crâne* de Renard (*Canis vulpes*), constituant une variété un peu distincte des Renards gallo-romains des Puits funéraires de Néris (Allier) et de Vendée. — Complet, avec une moitié de mandibule (Côté *droit*).

2° Un *Crâne* d'Oiseau, de la taille d'un Corbeau.

3° Un *Crâne* de Belette.

4° Un *Humérus* de Bovidé [*Bos taurus*], de petite taille [Extr. Inf.], avec des *Stries* dues au Silex [*Décarnisation* (Désarticulation) ou *Gravures* voulues] ; — deux débris de Dents de *Bos taurus*.

4° *Des Os longs d'Oiseaux* (taille Corbeau), en petit nombre.

5° *Un Os long* de *Rongeur* des Champs [Campagnol (?)].

II. Les Os Humains constituent trois catégories :

1° Os d'Adultes, *décarnisés* [*Ossuaire*] ; 2° Os de Sujets Jeunes ; 3° Os ayant subi l'Action du Feu, après Décarnisation.

(1) La Taille de Bazoges-en-Pareds est un peu plus grande, cependant, puisqu'on atteint là 1m67.

(2) Les Indices céphaliques de Bazoges sont : 70,11 ; 72,22 et 74,76.

I. — Os d'Adultes.

Ils présentent presque tous des Brisures rituelles, *voulues*.

Mais il n'y a pas là de traces d'Actions humaines, dues à l'emploi des *Silex*, comme à Vendrest. — Donc, *Décarnisation spontanée à l'air* ou par les *Oiseaux* (comme dans les Indes) : *d'où, peut-être, le Crâne d'Oiseau !*

Humérus. — L'Humérus, entier, correspond à un Homme adulte, d'assez grande taille. Il présente une *Cassure*, patinée, au niveau de la *Tête*. Mais il n'est pas démontré que cette fracture ait été exécutée avant la mise en Ossuaire; elle peut ne résulter, en effet, que d'un écrasement par les pierres. Cependant, comme elle correspond exactement au *Col Anatomique* de l'os, cela plaide en faveur d'une *grisure rituelle* (Fracture dite *sous-épiphysaire*) C'est un Humérus *droit*.

L'os est solide et ne présente aucune particularité. Il n'y a *pas trace de perforation olécranienne*. Son corps a l'air cylindrique (pas d'apparence d'aplatissement). — Le *Poids* est de 135 gr.

L'os en position a 0m340. Cela correspond à une taille de 1m69 au moins.

Voici les dimensions en largeur :

Tête : Diamètre transversal, 50 ; antéropost., 44.

1/3 *Moyen* : *Diam.* antéropost., 35 ; transversal, 33.

Trochlée. Largeur, 70.

Circonférence minimum, 72.

Angle d'Inclinaison de l'Os : 10° [170°].

L'*Indice de Platymérie* est de $44 \times 100 : 50 = 81{,}00$.

La Platymérie n'existe donc pas, pour ainsi dire, dans ce cas, puisqu'elle n'atteint pas 1/5 ! — Par conséquent, il doit s'agir d'un grand *Dolicocéphale*.

Cet humérus ressemble énormément à un os de l'époque gallo-romaine. On le croirait même moderne ! — On ne dirait pas un os d'Ossuaire.

Pas trace d'actions humaines, d'ailleurs. — Je conclus à un sujet Dolicocéphale de grande taille, c'est-à-dire à un homme de race *métisée* (1).

Cubitus. — J'ai constaté l'existence de *trois Cubitus* d'Adultes : deux *extrémités supérieures* de Cubitus droit et gauche, fracturés, le droit au milieu (brisure rituelle), le gauche au 1/3 supérieur

(1) A noter un autre *Humerus*, cassé au 1/3 supérieur et à l'épiphyse inférieure, du côté gauche, mais d'un sujet différent [Pas de Perforation olécranienne].
En outre, *Tête humérale* cassée et une autre Ext. sup. d'Humérus. — Total : 44.

(brisure rituelle); et un Cubitus absolument *entier*.— Il s'agit de *trois* sujets différents, et probablement de trois HOMMES.

Le Cubitus intact est assez vigoureux, mais n'a rien de spécial. On n'y voit aucune trace d'action humaine. Il est du côté gauche.

Il pèse : 55 grammes.

Longueur maximum : 256. — Circonférence minimum : 45.

Pas d'incurvation marquée.

La taille, pour cet os, serait de 1m64.

RADIUS. — J'ai trouvé un Radius GAUCHE, absolument entier et intact (1). Très grêle. — Il doit s'agir d'un Os de FEMME, de petite taille.

Il pèse 25 grammes.

Longueur maximum : 208. ; Circonférence minimum au col : 40 ; Extrémité supérieure : 24 × 18; Cupule (diamètre), 18.

La taille serait de 1m51 (2).

CLAVICULE. — Une clavicule, du côté DROIT, d'Adulte, malheureusement un peu cassée à son extrémité interne, est d'un volume relativement considérable et ne peut dépendre que d'un HOMME.

Elle pèse 19 gr. en effet.

Circonférence minimum : 45. Extrémité interne : 30×19. Longueur maximum : 0m160.

FÉMUR. — Il s'agit d'un os entier, *allongé*, et d'apparence *grêle* (3). Il correspond au côté GAUCHE. Substance osseuse résistante. On n'y remarque rien de particulier. La ligne âpre n'est pas du tout accentuée, sauf en haut. *Troisième Trochanter* net, mais allongé et peu large. Une fracture de fouille au tiers supérieur.

Pas trace d'actions humaines. Je crois qu'il s'agit d'un Os de *Femme* vigoureuse.

Poids. — 370 grammes.

Longueur maximum : 440; en position, 430. — Tête : Diamètre, 47; Circonférence minimum, 87; Diamètre sous-trochantérien transverse, 30; antéropost., 25.

Diamètre : Partie moy. transverse, 0m028 ; antéropost., 0m027.

Angle d'inclinaison de l'Os : 17°.

Angle du Col : 125°.

INDICE DE PLATYMÉRIE [*sous-troch.*] : 80, 30.

Le bon état de conservation, dans un milieu *très calcaire*, explique le poids considérable pour une longueur maximum ne dépassant pas 0m440.

(1) J'ajoute une extrémité inférieure brisée de Radius *droit*, d'apparence féminine ; et les 2/3 sup. d'un autre *Radius*.

(2) A en rapprocher l'extrémité externe et les 2/3 d'un autre Os.

(3) A citer, en outre, une autre Extr. supérieure de *Fémur*.

L'*Indice de Platymérie* est peu intéressant, car il est trop élevé. Il dépasse, en effet, 75,00 et atteint presque 81,00, comme à l'Humérus.

Cet os a également l'air moderne. La *Taille* ne donne que 1m60. Il s'agit là d'un sujet *Dolicocéphale*, de petite taille.

TIBIA. — Cet os, presque intact, d'apparence grêle, est un peu aplati, mais sans caractères bien spéciaux, ni particularité à noter.

Il pourrait, à la rigueur, s'agir d'une FEMME forte.

Il correspond au Côté GAUCHE. Il est entier, sauf qu'il lui manque la *malléole interne*, qui a dû être brisée au cours de la *fouille*.

Le *poids* actuel est de 215 gr. ; et le poids total devrait être de 215 gr. + x (10 gr.?) [soit environ 225 gr.].

Voici les dimensions.

Longueur totale [sans malléole], 350 + x (mall.) = 355.

Circonférence minimum, 75.

Tête : Largeur maximum, 75. Epaisseur maximum, 51.

Diamètre au 1/3 moyen. : antéro-postérieur, 28 ; transverse, 22.

INDICE DE PLATYCNÉMIE : 78.88.

Rétroversion de la Tête : 22°.

La *Platycnémie* est ici assez marquée pour montrer qu'il s'agit bien d'un Os néolithique.

Aucune trace d'actions humaines (1).

Le Poids, énorme, relativement à celui des Ossements des Mégalithes de Bretagne (2), tient exclusivement à la bonne conservation de la substance calcaire de l'os, en raison de la nature même du sol.

La taille, pour une longueur supposée de 355, serait de 1m59 (Dolicocéphale ; petite taille).

PÉRONÉ. — Je n'ai à noter que deux moitiés inférieures de Péronés, assez volumineux, d'Hommes *adultes*, mais ne présentant pas de *Cannelure* marquée (3).

Puisqu'ils ne sont pas entiers, il n'y a pas lieu d'insister. — Ils sont l'un *droit* et l'autre *gauche*, mais dépendent de *deux* sujets différents.

BASSIN. — Un os iliaque GAUCHE, qui paraît être celui d'une FEMME, est brisé. Il ne persiste qu'une partie de l'ilion et du pubis et

(1) A citer le centre d'un autre *Tibia*, très plactycnémique.

(2) Un tibia de l'Ile-d'Yeu (V.), à sol granitique, de même longueur et à peine plus grêle, ne pèse que 130 grammes en effet !

(3) Caractère des *Brachycéphales*. A citer, en outre, 1/3 central de *Péroné* ; et le 1/3 inférieur d'un autre *Péroné*.

la cavité cotyloïde, qui est grande. Celle-ci mesure 0m051 × 0m056 de diamètre (largeur et hauteur) et a une profondeur de 0m030.

L'articulation symphysienne a 0m042 de haut. La largeur du pubis est de 0m042.

La fosse iliaque est peu profonde (1).

Il existe aussi des débris d'un autre *Os iliaque*, relatifs aussi à un sujet âgé ; mais ils sont indéterminables.

Omoplate. — Os d'adulte, du côté droit, auquel il manque toute la partie postéro-supérieure (2), mais où l'on voit l'acromion.

La cavité glénoïde mesure : 0m030 × 0m040.

Le bord antérieur (partie sous-glénoïdienne) est cassé près de la pointe (3).

Côtes. — Une quinzaine de *Côtes, brisées* pour la plupart. Sans intérêt. Volume moyen. Peut-être les Côtes correspondant au Bassin ci-dessus.

Vertèbres. — J'ai trouvé, parmi ces os :

1° Une file anatomique, allant de la 5e Vertèbre cervicale à la 3e Dorsale incluse. Au total six os d'un même *Sujet âgé*.

2° Une autre file anatomique, allant de la 9e Dorsale à la première lombaire (détruite à moitié) et suivie de la 2e et 3e Lombaire.

3° Des débris de Sacrum et d'autres lombaires.

4° Un Axis, pesant 12 grammes, d'apparence masculine (4).

Je crois qu'on peut conclure, quoi qu'il manque, ici, la 4e, 5e, 6e, 7e et 8e Dorsales, à l'existence d'une Colonne vertébrale unique, correspondant au Bassin de *Femme* indiqué ci-dessus ; puis, en outre, à un *Axis* d'Homme.

Mais l'absence de la partie centrale de la Colonne lombaire prouve bien qu'il y a eu *Décarnisation* à l'air libre.

Os des Pieds et des Mains. — *a) Pieds.* — J'ai noté pour le *Tarse* : 2 Calcanéums (Gauche et Droit) ; 1 Astragale (Droit) ; 1 Premier Cunéiforme (gauche) ; 2 Cuboïdes (gauche et droit) ; 1 Scaphoïde (droit).

Pour le *Métatarse*, 12 Métatarpiens, dont un premier Métatarsien droit et 2 cinquièmes. Donc au moins *trois* sujets : Un grand gauche et un moyen (*droit*). — Je ne crois pas que le gauche soit une Femme.

(1) Ce bassin doit correspondre au Fémur et au Tibia, ci-dessus décrits.

(2) Peut correspondre à l'Humérus cite (côté droit).

(3) Un *Acromion* cassé à ajouter, ainsi qu'une Cavité *glenoïde* isolée, et un autre debris d'Omoplate.

(4) En raison de la différence des *diamètres du Trou Rachidien* (26-19 = 7 mm.).

b) *Main*. — La main est représenté par 15 Métacarpiens, et 8 phalanges (Un 1er Métacarpien).

ROTULE. — *Deux* Rotules d'adulte, côtés *gauche* et *droit*, dont l'une correspondant peut-être au Bassin ci-dessus.

CRANE. — 1 *Rocher* d'Homme adulte ; 2 Débris de *Frontal* (Glabelle); 1 Débris de *Pariétal*.

Il ne semble pas que ce Crâne corresponde à la Colonne vertébrale ci-dessus, car le Temporal est trop vigoureux pour être celui d'une Femme.

Tous ces os sont très bien conservés, en raison du sol calcaire.

MAXILLAIRE INFÉRIEUR. — Une Mandibule correspond à un HOMME âgé, ayant au moins 50 à 60 ans, d'après l'usure en *cuvette* très prononcée des deux dents de sagesse (fait rare).

Elle a été *rituellement* BRISÉE, à *droite* au niveau da la base de la branche montante de ce côté (fracture nettement *patinée*, antérieure à la fouille).

Les Incisives (I^2 et I^2) sont *très projetées* en avant et fortement *inclinées* en bas : ce qui fait qu'elles sont peu usées.

Le menton est très saillant en bas, mais présente, sous les incisives, une *dépression* très marquée, en gouttière. Il semble que l'avant de la mandibule soit projeté en haut et plus élevé que l'arrière, dans cet os, de forme assez peu commune.

1° *Mesures*. — Voici les mensurations qui ont pu être prises.

A. Os. — *Longueur*. — Projection totale (*C. bigoniaque* de Broca), ».

Projection à la 3e molaire (M^3 — M^3), 115 mm.

Corde *gonio-symphysienne*, 75.

Largeur. — Ligne *bicondylienne* (un condyle cassé), ».

Ligne *bigoniaque* (en arrière de M^3), 80 (?)

Ligne *intermolaire* (au niveau de M^3), 53.

Hauteur. — 3e molaire (M^3), 31 ; symphysienne (I^1), 32.

Epaisseur. — Symphysienne, 13 ; à M^3, 13.

B. BRANCHE MONTANTE. — Hauteur [Cassure] » ; Largeur, en bas, 35; en haut, ».

C. INDICE DE ROBUSTICITÉ : 13 × 100 : 31 = 42,00.

D. ANGLES :

b) Angle *coronoïde* : 100° [Classique] ; Angle *rétro-molaire* [Marcel Baudouin] : 115°.

a) *Angle mandibulaire* (les 2 Br.) (*Horiz*.), 80°. — *Angle symphysien* (*Vertical*), 70°.

2° *Dents*. — Les M[1] n'ont que *quatre* Cuspides. Il n'y en a que *deux* en dehors, au lieu de *trois* [comme dans les molaires à *cinq* Cuspides, si fréquentes au Néolithique].

Il semble par suite qu'il s'agisse là d'un os dépendant plutôt d'*un Brachycéphale* de *grande taille*, et non pas d'un *Dolicocéphale* de *petite taille*.

Les M[3] sont à quatre tubercules à droite ; à cinq à gauche (forme *radiée* de Topinard).

L'*Usure* des Molaires est normale et classique ; sauf sur les M[3], où elle est beaucoup plus accentuée que d'ordinaire. Cela doit tenir à ce que cette dent était un peu en contre-bas, par suite du relèvement inaccoutumé de la partie antérieure de la mandibule, dont le menton est très haut en effet.

Rien de spécial sur les *Pm* et les *Canines*, de taille normale, mais à peine usées.

Ces dernières sont inclinées en avant, comme les *Incisives*, qui font un angle sur l'horizontale, qui est loin d'atteindre 80° à 90°, comme d'ordinaire.

Canine bifide. — Une dent, isolée, est une Canine inférieure d'un Homme adulte.

Elle est intéressante : 1° parce qu'elle est *bifide*, d'une façon très marquée, fait très rare ; 2° parce qu'elle présente des *usures* physiologiques spéciales, n'ayant rien à voir avec l'Usure néolithique bien connue, correspondant au sommet de la dent [Usure d'Alimentation].

a) *Bifidité*. — En effet, cette canine présente *deux racines*, très distinctes, au lieu d'une seule. L'une, qui est *interne*, est très petite et presque filiforme, mais aussi longue que l'autre. Son diamètre est d'environ 0,001 1/2 au milieu.

L'autre, qui est *externe*, est la plus volumineuse et presque du volume habituel.

J'ai déjà étudié ailleurs cette Bifidité de la Canine inférieure, qui est plus fréquente à l'époque néolithique que nos jours ; et je renvoie le lecteur à ce mémoire (1), où j'ai cité déjà six cas personnels antérieurs, surtout relatifs à des *Dolicocéphales*, mais de *petite taille*.

Cette bifidité semble plus rare chez les Brachycéphales.

b) *Usures latérales*. — Cette dent présente encore, sur les deux faces latérales, mais à son sommet seulement, deux facettes d'Usure, en forme d'ovale tronquée, à section supérieure. — Cette usure est tout à fait semblable à celle des molaires d'Herbivores

(1) Marcel Baudouin. — *Presse Dentaire*. 1916.

(Bovidés, Solipèdes, etc.). Elle résulte d'un *frottement* vigoureux des 2es incisives et de la première prémolaire sur les côtés de la Canine. — C'est une usure par *Frottis dentaire*; elle ne s'observe d'ailleurs que très rarement, même à l'époque néolithique.

II. — Sujets jeunes.

Les Ossements d'Enfants et d'Adolescents recueillis peuvent être classés de la façon suivante.

1° *Enfant de 4 à 6 ans.*

1 débris de *Maxillaire inférieur*, avec dent M^1 de 2e dentition incluse. (Elle n'est pas encore sur le point de sortir). Donc moins de 7 ans. Une branche montante *droite*.

1 débris de *Mâchoire supérieure* avec Pm^2 (1re D.). — 1 *Omoplate* gauche, cassée. 1 débris d'*Occipital* (partie basilaire); débris de crâne. 1 Péroné. 2 *Clavicules* presque entières.

2° *Enfant de 8 à 10 ans.* — Os tous brisés.

1 Tibia; 1 Péroné; 2 Fémurs, droit et gauche; 1 Humérus; 2 *Ischions*, droit et gauche; 1 débris d'Humérus; un certain nombre de *Vertèbres*, à arc postérieur non soudé (7e cervicale et les 4 premières dorsales); *trois* lombaires, dont 1 arc postérieur soudé.

3° *Adolescent de 12 à 15 ans.* — Nombreuses côtes.

1 *Fémur* (sans épiphyses soudées); longueur: 0m210. 2 fragments de Tibia, droit et gauche. 2 fragments de Péroné. 1 Humérus (sans épiphyses soudées); longueur: 0m150. 1 Cubitus presque entier. 1 Fragment supérieur de Radius. Une Vertèbre lombaire peut être attribuée à ce sujet.; son arc postérieur n'est pas soudé encore.

Déformation crânienne. — Les principaux débris d'un *Crâne* doivent être rapportés à l'Enfant de 10 ans, plutôt qu'à celui de 15 ans (Impossible d'être affirmatif).

Mais un fragment de *Pariétal* droit montre la Déformation crânienne néolithique (découverte à Vendrest), la plus typique qui soit, avec fort *vallum* à l'intérieur et *dépression* extérieure.

III. — Débris d'Os incinérés.

J'ai mis à part trois fragments d'Os humains, *incinérés*, c'est-à-dire ayant manifestement subi l'action du feu, comme ceux trouvés à la partie inférieure de l'Ossuaire de Vendrest (S.-M.).

1° L'un est un petit fragment, triangulaire, de *Crâne* d'adulte, ayant 0m025 de côté et correspondant probablement à un *Pariétal*.

2° L'autre est un petit débris d'os long (*Tibia*, sans doute), long de 0m030, large de 0m013, épais de 0m004.

3° Le 3e Os paraît correspondre à l'extrémité postérieure d'un énorme *Premier Métatarsien droit*.

En effet, on remarque une *Cavité* glénoïde, qui atteint 0m030 de hauteur et dont la largeur dépassait 0m020 : ce qui correspond très bien.

Ces trois pièces sont parfaitement suffisantes pour affirmer qu'à Fontaine-le-Marmion, comme en Seine-et-Marne, on a pratiqué l'*Incinération* des *Ossements humains décarnisés*, car leurs caractères sont identiques à ceux des débris de Vendrest.

C'est là un fait d'une importance réelle, en présence des négations qui se répètent sans cesse, à propos de cette coutume.

ENSEMBLE DES ADULTES. — I. TUMULUS DE LA HOGUE. — Il résulte de cet examen qu'on a trouvé, dans ce Tumulus (1), en dehors des 4 Crânes déjà connus [2 en 1830 et 2 en 1909], des restes des Sujets suivants, en 1917.

Sujets A et M. — Hommes âgés. HUMÉRUS *droit* et *Humérus gauche*.

Sujets Ɜ, *C, D.* — Trois CUBITUS. Adultes (D et C). Aucun de ces os ne correspond à l'Humérus de A (Peut-être de M).

Sujet E. — Femme adulte. RADIUS.

Sujet F. — Clavicule. Impossible de dire si elle va avec l'Humérus A et *l'Omoplate* H. C'est possible, mais peu probable.

Sujet H. — Homme Adulte. Omoplate.

Sujet I. — Toutes les *Côtes* doivent appartenir à un même sujet; peut-être A ou H.

Sujet J. —Femme âgée. Un *Os iliaque* gauche (sujet différent de E); un *Fémur*; un *Tibia* gauche.

Sujets K (?) *et L* (?). — 2 *Péronés*, un droit et un gauche, appartenant à des Hommes.

Impossible de dire auquel des Hommes appartient le Maxillaire inférieur, bien entendu, et s'il correspond au Crâne (le 5e), brisé (Rocher).

Au total : au moins 7 ADULTES et peut-être davantage: 2 Femmes; 5 Hommes A, B, C, M, H. En plus, 3 ENFANTS.

Donc Débris de 10 Squelettes en 1917, au moins.

(1) Mon opinion est formelle par les *Vases* de Fontaine-le-Marmion. Ce sont des Vases Cultuels, dits *Urnes des Pleïades* (Symbole de l'Equinoxe d'Automne = Fête des MORTS = La Toussaint).

L'*Anse* INTÉRIEURE n'est pas une Anse, évidemment; c'est un DÉCOR! — Il en résulte que les *Anses* externes ont été des *Décors*, aussi, au début au moins.

Ce sont des représentations symboliques, matérielles, de l'*Arc des Pleïades* dans le Ciel. — En effet, chaque anse a *quatre trous* (les quatre Etoiles de la rangée inférieure des Pleïades).

A noter que l'un des Vases était *renversé*. Il symbolisait ainsi la *Course des Pleïades dans le Ciel* (Fer à Cheval)!

Les Vertèbres et les Os des mains et des pieds n'indiquent pas un nombre de Sujets plus élevé.

En somme : OSSUAIRE *type ; et non pas* INHUMATION *en pleine terre.*

Races. — A mon avis, à Fontaine-le-Marmion, comme à Vendrest, il y a mélange de deux races : l'une *Dolichocéphale* type, de petite taille, 1m50 à 1m60, *autochtone;* l'autre, *sous-Dolichocéphale*, résultat du mélange de ces Dolichocéphales avec une autre race, Brachycéphale, de grande taille, d'origine *étrangère*. — Ce sont les métis qui dominent, comme *Crânes* tout au moins, à Fontaine-le-Marmion.

Mais les os longs (1909 et 1917) montrent qu'il y a eu là beaucoup d'Hommes de *petite Taille*, avec quelques types de *grande Taille*.

Certes, les mesures fournies par les anciens auteurs indiquaient déjà l'importance de la race autochtone. Mais leurs mensurations (1) ne prouvent pas l'existence d'une Taille inférieure à 1m50 : ce qui n'a rien d'extraordinaire pour les Néolithiques de l'Ouest.

II. GALGAL DE LA HOGUETTE. — Le Galgal de la Hoguette, fouillé par G. Sausse (2), peut très bien correspondre à une *Sépulture* d'ensemble *par Inhumation*, et non pas à un Ossuaire, quoique l'auteur n'ait pas donné lui-même des preuves formelles de l'Inhumation.

1° Les Sépultures [Cistes 1 à 7], d'après le plan, sont placées sur une ligne qui fait 160° Est sur le Nord magnétique, sauf la dernière [Ciste N° 8], qui donne un angle de 170° environ. Toutes les têtes sont au Nord-nord-ouest : ce qui serait une véritable preuve de l'*Inhumation*, si le fait était *certain* et exact.

Or, 160° Est, c'est la *ligne Solsticiale Sud-Lever* [d'Hiver] des Dolmens !

En effet, 160° Est = 128° [Lever du Soleil au *Solstice d'Hiver*, en Calvados] + 16°30' Dév. m. + 15°30' Dév. préc.].

Ce Galgal-sépulture, qui ressemble assez à celui de Bazoges-en-Pareds (Vendée), a donc été édifié et orienté sur la *Solsticiale Sud-Lever* (3), avec une déviation de 15°30' : ce qui fait qu'il est PLUS RÉCENT que celui de Bazoges-en-Pareds, et correspond à 10.000 ans avant Jésus-Christ, au lieu de 12.000 ans, d'après moi.

La dernière sépulture, avec 17° + 10° = 25°30' de déviation, ne serait que de 8.500 ans avant Jésus-Christ.

(1) Pour s'en assurer, il suffit de leur appliquer les coefficients de taille, publiés dans le *Manuel des Recherches préhistoriques.*

(2) S. SAUSSE. — *Fouille d'un Galgal à Fontenay-le-Marmion* (*Calvados*). — *Bulletin monumental*, 1896, p. 199-215, 8 fig.

(3) Le Dolmen, voisin de la Ciste, à Bazoges-en-Pareds (V.), est orienté sur cette même ligne.

2° Les Crânes et les Ossements trouvés à la Hoguette indiquent, indiscutablement, comme l'a bien vu G. Sausse, qu'il s'agit là de Squelettes dépendant d'une Race *Dolicocéphale*, de petite taille (moyenne 1m58), laquelle est tout à fait comparable à celle de Bazoges-en-Pareds, plus ancienne encore.

Là, en effet, on a un Crâne avec un indice de 71,94, qui est un vrai *Dolicocéphale* [Ciste N° 2] et un *sous-Dolicocéphale* [Ciste N° 3; Enfant], qui atteint 76,74, c'est-à-dire l'indice de ceux du Tumulus de la Hogue.

Le *Fémur* de la Ciste N° 1 indique bien un Dolicocéphale de cette race, avec sa taille de 1m60; mais il est probable que les *Radius* et *Cubitus* de cette Ciste ne correspondent pas du tout à ce fémur, car leur taille atteint 1m65.

C'est ce qui me fait dire que, puisqu'il y avait au moins deux sujets dans cette Ciste N° 1, l'*Inhumation n'est pas absolument prouvée* encore pour le Galgal de la Hoguette, malgré les affirmations de G. Sausse.

En tout cas, il est bien probable qu'il y a de grandes relations entre la Hoguette et la Hogue, car des ossements de la Hogue, mesurés par Deslongschamps, semblent appartenir aussi à des sujets de *Petite Taille* (1m55 à 1m60).

Dr Marcel Baudouin.

LE MANS

IMPRIMERIE MONNOYER

www.ingramcontent.com/pod-product-compliance
Ingram Content Group UK Ltd.
Pitfield, Milton Keynes, MK11 3LW, UK
UKHW020941180726
13838UKWH00003B/1062

9 782329 555768